AF191557

Europa in der Störung

Menschenrechte, Machtverlust und die Rückkehr zur Ordnung

Ein strukturierter Bericht über den Zustand eines Kontinents
und seine letzte Chance

Karl Jochen Heinz

2025

© 2025 Karl Jochen Heinz
Verlag: BoD · Books on Demand GmbH,
Überseering 33, 22297 Hamburg, bod@bod.de
Druck: Libri Plureos GmbH,
Friedensallee 273, 22763 Hamburg
ISBN: 978-3-7693-5610-6

Inhaltsverzeichnis

Vorwort: Kein Ruf zur Panik – ein Ruf zur Ordnung

Persönlicher Impuls

In den letzten Jahren habe ich aufmerksam beobachtet, was in Europa geschieht. Nicht nur in der Politik, nicht nur in den Nachrichten, sondern tiefer – in den Strukturen, in den Haltungen, in den Zwischenräumen. Ich habe gesehen, wie Begriffe zerfallen, wie Verantwortung flüchtig wird, wie Prinzipien verhandelbar erscheinen, die einmal unverrückbar waren.

Was mich schließlich zum Schreiben brachte, war kein einzelner Skandal, keine große Überschrift. Es war ein stiller Moment: Ich las von der geplanten Reform der Europäischen Menschenrechtskonvention. Und ich spürte: Jetzt wird nicht mehr über Politik verhandelt – jetzt wird über den Menschen verhandelt.

Ich bin kein Politiker. Ich bin auch kein Aktivist. Ich schreibe dieses Buch nicht, um Recht zu behalten oder zu überzeugen. Ich schreibe es, weil ich glaube, dass wir in Europa etwas Kostbares haben – etwas, das zu verschwinden droht, wenn wir nicht hinschauen. Und weil ich glaube, dass die Zeit gekommen ist, genau das zu tun: hinzuschauen. Nicht mit Panik. Nicht mit Zorn. Sondern mit Klarheit.

Warum dieses Buch kein Alarm ist, sondern ein Spiegel

Es gibt genug Stimmen, die warnen. Genug, die anklagen, polarisieren oder versprechen, alles werde gut. Dieses Buch gehört zu keiner dieser Kategorien. Es ist kein Weckruf, keine Kampfschrift, kein Trostpflaster.

Es ist ein Spiegel.

Ein Spiegel zeigt nicht, was wir sehen wollen. Sondern was ist. Und manchmal – wenn man still genug hinschaut – zeigt er auch, was darunter liegt: die Risse in den Fundamenten, die Spannungen in den Strukturen, die Leere hinter der Lautstärke.

Ich habe versucht, in diesem Buch nichts zu dramatisieren. Aber auch nichts zu beschönigen. Ich vertraue darauf, dass die Leserinnen und Leser die Tiefe spüren werden, ohne dass ich schreien muss. Denn wer spürt, was auf dem Spiel steht, braucht keine Schlagzeilen mehr – sondern Ordnung.

Wenn dieses Buch etwas erreichen soll, dann dies: einen Moment der Klarheit. Nicht auf der Bühne der Meinungen, sondern im inneren Raum. Dort, wo Entscheidung beginnt – und wo Europa vielleicht noch nicht verloren ist.

Einladung zur stillen, klaren Betrachtung

Dieses Buch richtet sich an Menschen, die bereit sind, hinzusehen – ohne Vorurteil, ohne Eile, ohne das Bedürfnis, sofort zu urteilen. Es lädt nicht zum Streit ein, sondern zur Betrachtung.

Ich glaube, dass wir in Europa wieder lernen müssen, still zu werden. Nicht sprachlos – aber still. Denn in der Stille entsteht Klarheit. Und aus Klarheit entsteht Haltung.

Die folgenden Kapitel sind nicht dazu gedacht, Positionen zu stärken oder Gegner zu widerlegen. Sie sind der Versuch, einen inneren Raum zu öffnen: für das, was war, was ist – und was vielleicht noch werden kann.

Ich lade Sie ein, diesen Raum zu betreten. Nicht als Konsument von Meinungen, sondern als Zeuge einer Struktur. Vielleicht werden Sie darin etwas erkennen, das Sie schon lange gespürt haben – aber noch nie in Worte fassen konnten.

Wenn das geschieht, hat dieses Buch seinen Sinn erfüllt.

Kapitel 1: Der europäische Moment – Erinnerung an das, was möglich war

Es gab einen Moment nach dem Krieg, in dem Europa nicht nur ein geografischer Raum war, sondern ein zivilisatorischer Entwurf. Menschen, die alles verloren hatten, bauten nicht nur Städte wieder auf, sondern einen Gedanken: dass aus Zerstörung Ordnung werden kann – nicht durch Kontrolle, sondern durch gemeinsame Würde.

Europa war kein Projekt der Effizienz, sondern ein Ausdruck von Hoffnung, geboren aus Schmerz. Die Europäische Menschenrechtskonvention, das Streben nach Recht statt Rache, die Einigung über nationale Grenzen hinweg – all das war mehr als Politik. Es war der Versuch, Menschlichkeit zu institutionalisieren.

Damals war Europa noch kein Markt. Es war ein Versprechen.

Ein Versprechen, dass Vielfalt möglich ist, ohne Chaos. Dass Frieden mehr ist als das Schweigen der Waffen. Dass der Mensch nicht Mittel ist, sondern Zweck.

Viele dieser Begriffe wirken heute verbraucht. Doch sie sind nicht falsch geworden – nur vergessen. Und Erinnerung ist kein Rückschritt, wenn sie zur Klärung dient.

Vielleicht ist genau das unser europäischer Moment: nicht zurückzugehen, sondern uns zu erinnern, was einmal möglich war – um still zu prüfen, ob es das noch immer ist.

Die Gründungsidee nach Krieg und Zusammenbruch

Ursprung der Menschenrechte in Europa

Die Vorstellung, dass jeder Mensch bestimmte unveräußerliche Rechte besitzt, ist nicht neu. Sie reicht weit zurück – über die Aufklärung hinaus bis zu religiösen, philosophischen und naturrechtlichen Traditionen. Doch diese Vorstellung blieb lange abstrakt. Sie war Idee, kein Recht. Anspruch, aber kein Schutz.

Europa war über Jahrhunderte kein Kontinent der Menschenrechte. Es war ein Kontinent der Monarchien, der Kolonialreiche, der Inquisition, der Klassenordnungen und der Gewalt im Namen von Gott, Nation oder Fortschritt. Die Freiheit des Einzelnen war selten mehr als das Zugeständnis eines Souveräns.

Im 18. Jahrhundert formulierten die amerikanische Unabhängigkeitserklärung (1776) und die französische Erklärung der Menschen- und Bürgerrechte (1789) erstmals universelle Rechte in moderner Form. Sie sprachen von Gleichheit, Freiheit, Unverletzlichkeit. Doch auch diese Erklärungen waren begrenzt – sozial, kulturell, oft männlich und weiß gedacht.

Zudem fehlte etwas Entscheidendes: ein Mechanismus, der diese Rechte durchsetzbar machte. Rechte ohne Gericht bleiben Prinzipien. Rechte ohne Klagerecht bleiben Bitten.

Die Idee der Menschenrechte wanderte durch Europa wie ein Gedanke, der keinen Ort fand. In Verfassungen aufgenommen, im Kriegsfall suspendiert, in Friedenszeiten relativiert.

Erst der Zusammenbruch nach dem Zweiten Weltkrieg – moralisch, politisch, zivilisatorisch – führte zu einem radikalen Neubeginn. Aus der Einsicht, dass keine Verfassung, keine Institution, kein Staat dauerhaft Schutz bietet, wenn der Mensch nicht zum Mittelpunkt wird, entstand der Wille, Recht über Macht zu stellen – und Würde über Funktion.

Das war der wahre Ursprung der Menschenrechte in Europa: nicht ihre Erfindung, sondern ihre Verankerung. Nicht als Ideal, sondern als strukturierte Ordnung. Verbindlich. Klagbar. Überprüfbar.

Erst jetzt konnte die Idee atmen.

Nürnberger Prozesse (1945–1949): juristische Aufarbeitung des Unvorstellbaren

Als Europa sich 1945 aus den Trümmern des Zweiten Weltkriegs erhob, stand eine Frage im Raum, die bis dahin niemand gestellt hatte: Wie kann ein Staat für das verantwortlich gemacht werden, was er seinen eigenen Bürgern angetan hat?

Die Antwort begann in einem Gerichtssaal in Nürnberg.

Dort standen führende Nationalsozialisten nicht vor einem nationalen Gericht – sondern vor einem internationalen. Nicht für den Bruch eines Vertrags – sondern für die Entmenschlichung selbst.

Die Anklage lautete auf Kriegsverbrechen, Verbrechen gegen die Menschlichkeit und Verbrechen gegen den Frieden – Begriffe, die es in dieser Form vorher nicht gab.

Die Prozesse waren keine Siegerjustiz. Sie waren der Versuch, dem Unsagbaren eine Struktur zu geben. Dass sie stattfanden, war ein weltgeschichtlicher Bruch: Zum ersten Mal wurde das Prinzip formuliert, dass es ein Recht über der Nation gibt – und eine Verantwortung jenseits der Befehlsstruktur.

Entscheidend war nicht nur das Urteil. Entscheidend war die Idee:

Ein Mensch verliert seine Rechte nicht, wenn ein Staat sie ihm abspricht. Und wer Menschen entrechtet – selbst im Namen eines Staates – macht sich vor der Menschheit schuldig.

Die Nürnberger Prozesse markierten damit mehr als ein historisches Ereignis. Sie waren der juristische Geburtsakt einer neuen Ordnung.

Nicht weil sie perfekt waren – sondern weil sie begannen.

Was dort in Paragraphen gegossen wurde, sollte bald zur Grundlage eines europäischen Systems werden, das nicht mehr auf Macht, sondern auf Maß beruhte: die Europäische Menschenrechtskonvention.

Menschenrechte, Recht, Vielfalt, Frieden – nicht als Mittel, sondern als Sinn

Wenn wir heute von Menschenrechten, Rechtsstaatlichkeit, Vielfalt und Frieden sprechen, klingen diese Begriffe oft wie Hintergrundrauschen – selbstverständlich, abstrakt, politisch korrekt. Doch als Europa sie nach dem Zweiten Weltkrieg in seine Grundstruktur einschrieb, waren sie alles andere als selbstverständlich.

Damals waren sie keine Mittel zum Zweck, sondern der Sinn selbst.

Europa wollte nicht einfach neu starten. Es wollte anders sein – nicht wieder werden wie früher, sondern etwas werden, das es noch nie war: ein Raum, in dem der Mensch nicht benutzt, sondern geachtet wird. Nicht, weil es sich rechnet – sondern weil es richtig ist.

Menschenrechte waren nicht das freundliche Gesicht der Demokratie, sondern ihre

Verankerung im Unverfügbaren. Wer einmal gesehen hat, wozu Staaten fähig sind, wenn es keine Grenze des Erlaubten mehr gibt, versteht: Recht muss vor Macht stehen – oder es wird bedeutungslos.

Recht bedeutete: Kein Einzelner ist schutzlos. Kein Staat darf alles. Kein Zweck heiligt jedes Mittel. Recht war nicht das Instrument, um Gesellschaft zu ordnen – es war der Rahmen, der das Menschsein schützt, selbst wenn die Gesellschaft versagt.

Vielfalt war kein kulturelles Accessoire, sondern die Antwort auf das Monströse. Nationalismus, Rassismus, ideologische Reinheitsfantasien hatten Europa in die Katastrophe geführt.

Die europäische Idee sagte:

Nicht Einheit durch Gleichheit – sondern Einheit durch Verschiedenheit.

Frieden war mehr als Abwesenheit von Krieg. Es war ein ethisches Projekt. Die Überzeugung, dass echter Frieden nicht militärisch gesichert, sondern menschlich begründet

sein muss – in Recht, Respekt, Reziprozität.

Diese vier Prinzipien – Menschenrechte, Recht, Vielfalt, Frieden – waren der Kern des europäischen Versprechens. Nicht als Strategie. Nicht als Standortvorteil. Sondern als Antwort auf das, was geschehen war.

Heute drohen sie wieder Mittel zu werden – manipulierbar, bedingt, unter Vorbehalt.

Deshalb ist es so wichtig, sich zu erinnern:

Europa hatte nicht immer alles. Aber für einen Moment wusste es, wofür es da ist.

Europa als Zivilisationsversprechen

Europa hat viel erlebt. Reiche sind aufgestiegen und gefallen, Grenzen wurden gezogen und verwischt, Sprachen verdrängt, Ideologien verherrlicht. Doch was Europa nach 1945 formulierte, war etwas Neues. Keine Herrschaft. Kein Modell. Sondern ein Versprechen.

Ein Versprechen, dass aus Gewalt Ordnung entstehen kann – nicht durch Kontrolle, sondern durch Einsicht. Dass der Mensch mehr ist als Produktionsfaktor, Zielgruppe oder Träger eines Passes. Dass Vielfalt nicht bekämpft, sondern gehalten werden

kann. Und dass Würde nicht das Ergebnis von Wohlstand ist –
sondern dessen Voraussetzung.

Europa versprach sich selbst, dass nie wieder das Leben geopfert
werden dürfe, um Macht zu erhalten. Dass Recht nicht
relativierbar ist, auch wenn es unbequem wird. Und dass das
Einzelne zählt – auch wenn es stört.

Dieses Versprechen war nicht laut. Es wurde nicht gefeiert,
sondern strukturiert: in Verträgen, Konventionen, Institutionen.
In der Idee, dass kein Staat sich selbst genügen darf – und keine
Demokratie ohne Kontrolle existieren kann.

Europa wurde damit nicht zur Macht – aber zur Möglichkeit.

Nicht als Gegenentwurf zu anderen Weltregionen. Sondern als
eigener Weg: eine Zivilisation, die aus der eigenen Katastrophe
gelernt hat. Kein Exportartikel, kein Modell für alle – sondern ein
innerer Kompass.

Dieses Versprechen wurde nie voll eingelöst. Aber es war da.
Und es trug.

Die Frage ist nicht, ob es perfekt war. Die Frage ist: Ob es noch
lebt.

Was Europa heute noch sein könnte – wenn es sich erinnert

Europa steht nicht am Rand seiner Zerstörung. Es steht am Rand
seines Vergessens.

Nicht weil es angegriffen wird – sondern weil es sich selbst nicht mehr kennt. Weil die Strukturen noch existieren, aber der Sinn, der sie einst trug, leise verschwunden ist. Weil Prinzipien verhandelt werden, die früher nicht zur Debatte standen. Und weil vieles, was einst Ordnung bedeutete, heute wie Bürokratie wirkt.

Doch das bedeutet nicht, dass alles verloren ist.

Das europäische Versprechen ist nicht tot – es ist verdeckt. Überlagert von Interessen, erschöpft von Krisen, missbraucht von Rhetorik. Aber in seinem Kern ist es noch da: die Idee, dass ein Kontinent aus Verantwortung leben kann, nicht aus Angst. Aus Ordnung, nicht aus Kontrolle. Aus Vielfalt, nicht aus Uniformität.

Europa könnte wieder zu sich kommen. Nicht durch Innovation, nicht durch Tempo, nicht durch Anpassung. Sondern durch Erinnerung.

Nicht nostalgisch. Sondern strukturell.

Die Erinnerung daran, was dieses Europa einmal sein wollte – und vielleicht noch immer sein kann: ein Ort, an dem der Mensch nicht Zweck, sondern Maßstab ist.

Das wäre nicht modern. Das wäre zivilisiert.

Kapitel 2: Was uns nicht mehr trägt – Der Zustand Europas

Politik, Medien, Gesellschaft: keine gemeinsame Idee

Europa hat Institutionen. Es hat Gesetze, Programme, Gremien, eine Öffentlichkeit.

Was fehlt, ist eine gemeinsame Idee.

Nicht im Sinne eines Slogans oder Narrativs – davon gibt es viele. Sondern im Sinne einer inneren Klammer, die verbindet, worüber man sich sonst zerstreitet.

Früher war diese Klammer spürbar: die Lehre aus dem Krieg, die Suche nach Frieden, die Verteidigung von Freiheit und Menschenwürde. Heute ist sie kaum noch zu erkennen.

Die Politik

verliert sich in Verwaltung. Sie reagiert auf Ereignisse, moderiert Widersprüche, verwaltet Krisen. Aber sie erzeugt kaum noch Ordnung durch Richtung. Große Entwürfe fehlen, weil man Angst hat, daran gemessen zu werden. Es gibt Programme, aber keine Haltung.

Die Medien

sind laut, schnell, konfliktsensitiv – aber selten verbindend. Die Vielfalt der Stimmen ersetzt nicht das Fehlen eines Raumes, in dem Orientierung entstehen kann. Zwischen Eilmeldung und

Empörung entsteht kaum Zeit für Tiefe. Die Frage, wofür wir eigentlich stehen, wird selten gestellt – und noch seltener offen gelassen, um sie gemeinsam zu beantworten.

Die Gesellschaft

hat gelernt, sich zu behaupten. Aber nicht, sich zu einigen. Identität wird zunehmend über Abgrenzung hergestellt – politisch, kulturell, sozial. Die Mitte wirkt erschöpft, die Ränder überladen. Und dazwischen entsteht kein Zentrum, sondern eine Leere.

Was allen drei Ebenen fehlt, ist eine geteilte Idee vom Ganzen. Nicht eine Meinung, sondern eine verbindende Struktur. Eine Vorstellung davon, was Europa zusammenhält – jenseits von Verträgen.

Denn Institutionen können vieles leisten.

Aber Sinn kann man nicht delegieren.

Der Verlust innerer Ordnung in Strukturen

Strukturen tragen nur dann, wenn sie mit Sinn verbunden bleiben.

Wenn sie nicht mehr aus Haltung entstehen, sondern nur aus Gewohnheit, verwandeln sie sich in leere Formen. Genau das ist in Europa vielerorts geschehen.

Institutionen existieren weiter,

aber ihre Bindung an klare Prinzipien hat sich abgeschwächt. Parlamente beraten, Regierungen handeln, Gerichte urteilen – doch die innere Ordnung, die diesen Prozessen Richtung geben sollte, ist oft nicht mehr spürbar.

Man funktioniert. Aber man orientiert sich nicht mehr.

Ordnung ist nicht Kontrolle.

Sie entsteht nicht dadurch, dass alles geregelt ist – sondern dadurch, dass Strukturen einen erkennbaren Sinn transportieren. Heute wirken viele dieser Strukturen wie Rituale ohne Resonanz: Wahlkampf ohne Überzeugung, Gesetze ohne Grundkonsens, Kommissionen ohne lebendige Rückbindung.

Auch das Rechtssystem bleibt davon nicht unberührt.

Wo einst Prinzipien klarer waren als Positionen, werden heute Auslegungen verhandelt, nicht aus Einsicht – sondern aus politischem Kalkül. Die Grenze zwischen rechtsstaatlicher Flexibilität und strategischer Beliebigkeit verschwimmt.

Und in den Verwaltungen –

den Ministerien, Behörden, Gremien – wirkt vieles routiniert, aber erschöpft.

Nicht weil die Menschen versagen. Sondern weil die Ordnung, die sie einst getragen hat, keinen inneren Klang mehr entfaltet.

Das ist kein Skandal. Es ist ein stiller Erosionsprozess.

Und gerade deshalb so gefährlich:

Weil er nicht auffällt.

Weil er wie Normalität aussieht.

Weil er nicht laut zerbricht – sondern leise aufhört, zu tragen.

Sprachlosigkeit trotz Lautstärke

Europa spricht viel. In Talkshows, Pressekonferenzen, Parlamenten, sozialen Netzwerken.

Es gibt keinen Mangel an Stimmen – aber einen Mangel an Verständigung.

Die Lautstärke hat zugenommen –

aber sie verdeckt die Tatsache, dass grundlegende Begriffe ihre Bedeutung verlieren. Worte wie Freiheit, Solidarität, Menschenwürde oder Demokratie werden gebraucht – oft als rhetorische Waffen, selten als gemeinsame Fundamente.

Man ruft mit denselben Begriffen – aber meint völlig Verschiedenes.

So entsteht ein paradoxer Zustand: Sprechende Systeme, die einander nicht mehr hören.

Politik formuliert Kompromisse, die niemand versteht. Medien produzieren Reichweite ohne Tiefenwirkung. Gesellschaftliche Gruppen entwickeln eigene Sprachen, aber keine Übersetzungsräume.

Die Folge ist nicht einfach ein Kommunikationsproblem.

Die Folge ist ein Verlust gemeinsamer Bedeutung.

Sprache war einmal das Mittel, um Wirklichkeit gemeinsam zu strukturieren. Heute wird sie oft zur Kulisse – oder zur Waffe. Und wenn alles Sagbare sofort bewertet, vereinnahmt oder angegriffen wird, entsteht keine neue Wahrheit.

Es entsteht Erschöpfung.

Wirkliche Sprachlosigkeit zeigt sich nicht im Schweigen –

sondern darin, dass gesprochen wird, ohne dass noch etwas gemeint ist.

Kapitel 3: Die Menschenrechte unter Vorbehalt – Angriff auf das Fundament

Was ist die EMRK – und warum sie mehr ist als ein Vertrag

Die Europäische Menschenrechtskonvention (EMRK) ist ein völkerrechtlicher Vertrag.

Aber sie ist mehr als das.

Verabschiedet am 4. November 1950 in Rom, war sie die direkte Antwort auf das dunkelste Kapitel europäischer Geschichte. Nicht in Form von Rache oder Reparation – sondern als rechtlicher Neuanfang: eine freiwillige Selbstbindung von Staaten, um den Menschen als Träger unveräußerlicher Rechte zu schützen – selbst gegen staatliche Macht.

Die EMRK garantiert unter anderem:

- das Recht auf Leben

- das Verbot von Folter

- das Recht auf Freiheit und Sicherheit

- das Recht auf ein faires Verfahren

- die Meinungs-, Versammlungs- und Religionsfreiheit

- das Diskriminierungsverbot

Doch ihr eigentlicher Kern liegt nicht nur im Inhalt – sondern in der Verbindlichkeit.

Zum ersten Mal in der Geschichte konnten Einzelpersonen nicht nur Rechte besitzen, sondern diese auch einklagen – beim Europäischen Gerichtshof für Menschenrechte (EGMR) in Straßburg. Und dieser konnte – und kann bis heute – Staaten verpflichten, ihre Gesetze, Verfahren oder Praktiken zu ändern, wenn sie gegen die Konvention verstoßen.

Damit verschiebt die EMRK den Schwerpunkt staatlicher Souveränität:

Ein Staat darf viel. Aber nicht alles.

Und der Mensch hat das Recht, gehört zu werden – auch gegen sein eigenes Land.

Diese Struktur ist einzigartig. Sie ist kein Zusatz zur Demokratie, sondern ihr innerer Prüfstein. Denn nur wo Macht begrenzt werden kann, ist Freiheit mehr als ein Versprechen.

Die EMRK ist damit kein Dokument unter vielen.

Sie ist die juristische Verkörperung des europäischen Zivilisationsversprechens.

Und genau deshalb ist sie heute umstritten.

Die Forderung zur EMRK-Reform im Detail

Die Europäische Menschenrechtskonvention ist in den letzten Jahren zunehmend unter Druck geraten – nicht weil sie versagt hätte, sondern weil sie nicht mehr zu den politischen Prioritäten einiger Regierungen passt.

Mehrere europäische Staaten, allen voran Großbritannien, aber auch Frankreich, Polen und Ungarn, haben öffentlich erklärt, dass sie eine „Reform" der EMRK wünschen.

Was zunächst technisch klingt, ist in Wahrheit ein tiefgreifender Eingriff in das Verhältnis zwischen Individuum und Staat.

Die zentralen Forderungen lauten:

1.   Einschränkung der Klagemöglichkeiten

Die Zahl und Art der Beschwerden an den Europäischen Gerichtshof für Menschenrechte soll reduziert werden, vor allem wenn nationale Gerichte bereits entschieden haben.

2.   Stärkung des sogenannten „Beurteilungsspielraums der Staaten" („Margin of Appreciation")

Staaten sollen selbst entscheiden dürfen, wie sie Rechte auslegen und anwenden – vor allem bei „umstrittenen gesellschaftlichen Fragen". Das klingt nachvollziehbar, bedeutet aber: Grundrechte werden de facto relativierbar.

3.   Keine Bindung an bestimmte Auslegungen des Gerichts

Einige Staaten fordern, dass Urteile des EGMR nicht mehr automatisch nationale Gesetzgebung beeinflussen müssen. Das wäre das Ende der Durchsetzungskraft der Konvention.

4.   „Nationaler Vorrang" bei sensiblen Fragen

Ob Asylrecht, Familienrecht oder Meinungsäußerung: Der Schutz durch die EMRK soll nachrangig werden, wenn nationale Interessen oder Gesetze betroffen sind.

Diese Forderungen sind nicht nur rechtstechnische Anmerkungen.

Sie laufen auf eine Entkernung der EMRK hinaus – in ihrer Substanz, in ihrer Bindungskraft, in ihrer Schutzwirkung.

Die Staaten sagen: Wir wollen selbst entscheiden, was ein Menschenrecht ist.

Die Konvention antwortet: Das war genau das, was wir verhindern wollten.

Der strukturierte Faktencheck

Behauptung 1: Die EMRK ist veraltet und passt nicht mehr zur Realität moderner Staaten.

Fakt:

Die EMRK wurde seit ihrer Verabschiedung mehrfach weiterentwickelt – durch Zusatzprotokolle, Auslegung durch den EGMR und politische Reformdialoge. Sie ist kein starrer Text, sondern ein lebendiges System, das auf neue gesellschaftliche und technologische Entwicklungen reagiert (z. B. Datenschutz, Bioethik, Antidiskriminierung).

Der Vorwurf der Veralterung verschweigt: Was stört, ist nicht die Zeitferne – sondern die prinzipielle Begrenzung staatlicher Macht.

Behauptung 2: Der EGMR mischt sich in nationale Angelegenheiten ein und untergräbt die Souveränität.

Fakt:

Der Gerichtshof urteilt nur dann, wenn nationale Rechtsmittel ausgeschöpft wurden. Seine Zuständigkeit ist von den Staaten selbst anerkannt worden – freiwillig, vertraglich, rechtsstaatlich.

Zudem achtet der Gerichtshof auf den Spielraum der Staaten – er ersetzt keine Gesetzgeber, sondern prüft, ob Grundrechte strukturell verletzt wurden. In über 90 % der Beschwerden wird nicht zu Gunsten der Kläger entschieden.

Der Vorwurf der Übergriffigkeit hält einer nüchternen Prüfung nicht stand.

Behauptung 3: Die EMRK schützt Straftäter und verhindert wirksame Sicherheitspolitik.

Fakt:

Die Konvention schützt nicht Taten, sondern Menschen – auch und gerade dann, wenn sie beschuldigt, verfolgt oder abgelehnt werden. Sie verlangt ein faires Verfahren, keine Straffreiheit.

Wer Grundrechte vom Verhalten abhängig macht, hat den Begriff Rechtsschutz nicht verstanden – sondern in Privilegien umgewandelt.

Behauptung 4: Die EMRK ist ein Hindernis für nationale Gesetzgebung.

Fakt:

Die EMRK ist eine Grenze – ja. Aber keine, die lähmt. Sondern eine, die schützt: vor Willkür, Übergriff, populistischer Überhitzung.

Die Konvention verlangt keine politische Richtung – sondern rechtsstaatliche Struktur. Wer sie als Hindernis empfindet, will nicht freier regieren – sondern ungebundener entscheiden.

Der Faktencheck zeigt:

Nicht die EMRK ist das Problem.

Sondern das Unbehagen an einem Prinzip, das größer ist als Macht.

Was wirklich verhandelt wird: der Mensch als Prinzip

Die Debatte um die EMRK wird oft als juristische oder politische Auseinandersetzung geführt – zwischen nationaler Souveränität und internationalem Recht, zwischen Sicherheit und Freiheit, zwischen Integration und Abgrenzung.

Aber auf der tieferen Ebene geht es um etwas anderes:

Um das Menschenbild, auf dem Europa ruhte – und das jetzt zur Disposition steht.

Die EMRK basiert auf einer einfachen, aber radikalen Annahme:

Der Mensch hat Rechte, nicht weil er funktioniert, sondern weil er existiert.

Nicht weil er dazugehört. Nicht weil er etwas leistet. Nicht weil er ein „guter Mensch" ist.

Sondern weil Würde nicht verdient, sondern anerkannt wird.

Diese Idee steht heute unter Druck. Und zwar nicht nur von Regierungen. Sondern auch durch einen kulturellen Wandel, in dem der Mensch immer stärker als Knotenpunkt von Eigenschaften, Verwertbarkeit und Zugehörigkeit betrachtet wird.

- Wer sich „anständig verhält", hat Anspruch auf Schutz.

- Wer sich „falsch verhält", verliert ihn.

- Wer passt, wird integriert.

- Wer stört, wird relativiert.

So wird das Prinzip des Menschen schleichend ersetzt durch das Prinzip der Zulässigkeit.

Die Frage ist dann nicht mehr: Was schulden wir jedem Menschen?

Sondern: Was sind wir bereit, noch wem zuzugestehen – unter welchen Bedingungen?

Diese Verschiebung ist leise. Aber tief.

Denn sie betrifft nicht nur Migranten, Straftäter oder Randgruppen.

Sie betrifft jeden.

Denn wer Rechte nur noch als Bonus versteht, der kann sie auch wieder entziehen.

Und was bleibt dann?

Ein Kontinent voller Bedingungen – aber ohne Grund.

Die EMRK als seismischer Frühindikator des Strukturzerfalls

Gesellschaften zerfallen nicht von außen. Sie verlieren sich von innen – lange bevor man es sieht.

Wer verstehen will, wie es um die innere Ordnung Europas steht, muss nicht auf Schlagzeilen warten. Es genügt, auf das zu schauen, was zuerst erodiert, wenn strukturelle Orientierung verloren geht: den Schutz des Einzelnen vor der Macht.

Die EMRK wirkt dabei wie ein seismischer Frühindikator. Nicht weil sie instabil ist – sondern weil sie sofort reagiert, wenn das Fundament unter ihr zu beben beginnt.

Nicht spektakulär. Sondern still.

Wenn Staaten beginnen, die Reichweite der Konvention infrage zu stellen.

Wenn Urteile des EGMR offen ignoriert oder relativiert werden.

Wenn Parlamente fordern, bestimmte Menschenrechte „an die Realität anzupassen".

Wenn Gerichte zum Problem erklärt werden – nicht weil sie versagen, sondern weil sie grenzen setzen.

Dann ist das kein Randphänomen. Dann ist das ein Symptom eines tiefer liegenden Strukturbruchs.

Die EMRK schützt nicht nur Rechte.

Sie markiert auch den Punkt, an dem ein Staat sich selbst beschränkt – aus freier Entscheidung.

Wenn dieser Punkt verhandelbar wird, ist nicht nur die Konvention bedroht, sondern das gesamte Prinzip europäischer Ordnung:

Dass Macht sich selbst bindet.

Dass Freiheit nicht gewährt, sondern garantiert wird.

Dass der Mensch nicht Bedingung ist – sondern Ausgangspunkt.

Deshalb ist der Angriff auf die EMRK kein juristischer Vorgang.

Er ist ein Signal.

Und wir sollten ihn hören, bevor der Boden zu sehr bebt, um noch ruhig stehen zu können.

Kapitel 4: Politik – Von Repräsentation zur Reaktion

Entleerung parlamentarischer Räume

Demokratie beginnt mit Repräsentation – der Idee, dass gewählte Vertreter:innen nicht nur Interessen bündeln, sondern in einem offenen Raum um das Gemeinwohl ringen.

Doch dieser Raum ist vielerorts in der Form erhalten, in der Wirkung ausgehöhlt.

1. Entscheidungen wandern aus dem Parlament hinaus

In Deutschland wurde die Corona-Politik monatelang in Bund-Länder-Runden verhandelt – ohne parlamentarische Beteiligung. Die Exekutive handelte im Eilmodus, der Bundestag reagierte später.

In Frankreich regiert der Präsident regelmäßig per Article 49.3 der Verfassung, der Gesetze ohne Abstimmung durchsetzen lässt – wie zuletzt bei der Rentenreform 2023.

In Polen und Ungarn wurde das Parlament systematisch zur Durchwink-Institution umgebaut – durch strukturelle Mehrheit, verkürzte Verfahren, mediale Ausgrenzung der Opposition.

Diese Entwicklungen sind verschieden in ihrer Form – aber ähnlich in ihrer Richtung:

Die politische Entscheidung wandert – aus dem sichtbaren Raum in die vorbereitenden Zonen der Macht.

2. Zeitdruck, Fraktionsdisziplin, mediale Formatierung

Tagesordnungen mit über 50 Anträgen pro Sitzung sind keine Seltenheit – Strukturverhandlungen werden zu Durchläufen.

In vielen Ländern herrscht Fraktionszwang durch parteiinternen Druck, obwohl das Mandat frei sein sollte.

Parlamentsdebatten sind oft auf mediale Verwertbarkeit angelegt – nicht auf argumentative Tiefe. Abgeordnete sprechen weniger zueinander als in die Kamera.

3. Erosion des echten Austauschs

Die pluralistische Spannung, die Demokratie lebendig macht, wird durch Effizienzlogiken und Taktik ersetzt. Das Argument wird Mittel zum Zweck – nicht mehr Träger einer möglichen Erkenntnis.

Die Folge:

Verfahren bleiben, aber Vertrauen schwindet.

Denn die Öffentlichkeit spürt: Es wird gesprochen – aber nicht wirklich verhandelt. Es wird abgestimmt – aber selten gerungen. Es wird vertreten – aber nicht mehr verbunden.

Und wenn die Demokratie als Verfahren erlebt wird, aber nicht mehr als Raum, in dem Sinn entsteht, dann wird sie angreifbar – von außen wie von innen.

Regierung als Krisenverwaltung ohne Ordnung

Die Exekutive in Europa ist aktiv wie nie – und gleichzeitig orientierungsloser denn je.

Regierungen handeln. Sie reagieren auf Pandemien, Energiepreise, Inflation, Migrationsdruck, Klimafolgen, geopolitische Spannungen.

Was fehlt, ist nicht Aktivität. Was fehlt, ist ein Ordnungsrahmen, der das Handeln leitet.

Politik wird zunehmend als Echtzeit-Verwaltung von Komplexität verstanden. Entscheidungen folgen oft dem Druck der Situation – nicht einer konsistenten Haltung. Ministerien arbeiten im Modus des Ausnahmezustands, mit Ad-hoc-Maßnahmen, Notfallgipfeln, Verordnungen.

Statt Politik zu erklären, wird Politik „begründet".

Statt Richtung zu geben, wird legitimiert.

Statt Konflikte strukturell zu lösen, werden sie taktisch umgangen.

Beispiele:

Während der Corona-Pandemie wurden in vielen Ländern Notverordnungen verlängert, ohne neue ordnungspolitische Evaluation. Entscheidungen wurden an Expertengremien ausgelagert, die selbst keiner demokratischen Kontrolle unterlagen.

In der Energiekrise 2022/23 wurden milliardenschwere Hilfspakete in wenigen Tagen beschlossen – mit wenig parlamentarischer Vorarbeit, aber großer medialer Wirkung.

Die Flüchtlingspolitik wird vielerorts nicht geplant, sondern geduldet oder abgewehrt, je nach Drucklage – ohne langfristige Integrationsarchitektur oder verlässliche humanitäre Linie.

Regierungshandeln ist notwendig – aber zunehmend

entkoppelt vom Begriff politischer Ordnung.

Denn Ordnung bedeutet:

Prinzipien vor Prozessen.

Verantwortung vor Geschwindigkeit.

Langfristige Struktur vor kurzfristigem Ausgleich.

Doch genau das fehlt vielerorts. Stattdessen erleben wir Politik als Dauerzustand der Reaktion, nicht mehr als gestaltenden Ausdruck einer Vision.

Wenn Regierung nur noch Krisenmanagement ist,

verliert sie ihre verbindende Kraft – und wird zur taktischen Schaltzentrale.

Das schwächt nicht nur die Exekutive.

Es schwächt das Vertrauen in Politik als Ganzes.

Gesetze ohne strukturelle Rückbindung

Gesetze sind mehr als Regeln. In einer Demokratie sind sie der sichtbare Ausdruck von Ordnung. Sie sollen nicht nur regeln, was erlaubt ist – sondern zeigen, was gilt, weil es trägt.

Doch in vielen europäischen Ländern geraten Gesetze heute in Bewegung ohne Richtung.

Nicht, weil sie zu selten gemacht würden – sondern, weil sie ihre Rückbindung verlieren: an Prinzipien, an Verhältnismäßigkeit, an langfristige Struktur.

Drei Entwicklungen prägen diese Erosion:

1. Inflation der Gesetzgebung

Ständig neue Gesetze, Änderungsanträge, Sonderregelungen. Allein in Deutschland wurden im Bundestag zwischen 2019 und 2023 mehr als 800 Gesetze eingebracht – viele davon in kurzen Zeitfenstern, oft ohne ausreichende Folgenabschätzung.

Weniger als Ausdruck innerer Ordnung – mehr als Reaktion auf äußeren Druck.

2. Symbolpolitik in Gesetzesform

Gesetze werden zunehmend als Zeichen verstanden, nicht als Struktur.

Ein Verbot hier, ein Förderprogramm dort – politisch aufgeladen, aber ohne strukturelle Tragfähigkeit. Die Wirkung ist oft kurzlebig, die Anschlussfähigkeit gering.

3. Technokratische Entkoppelung

Viele Gesetze entstehen in enger Zusammenarbeit mit Verbänden, Lobbygruppen oder supranationalen Gremien – oft komplex, detailreich, aber nicht mehr verständlich und vermittelbar.

Die innere Verbindung zwischen Gesellschaft und Gesetz löst sich leise auf.

Die Folge:

Was „geltendes Recht" ist, wissen immer weniger Bürger aus eigener Anschauung – sondern nur noch über Auslegung, Kommentierung, Rechtsberatung.

Das Rechtssystem bleibt bestehen, aber es kommuniziert nicht mehr.

Und wo Gesetze nicht mehr als gelebte Ordnung verstanden werden, sondern als wechselnde Werkzeuge zur Steuerung, dort beginnt die eigentliche Instabilität.

Nicht im Chaos.

Sondern in der Unkenntlichkeit von Ordnung.

Kapitel 5: Gesellschaft – Von Zusammenhalt zur Angstmatrix

Schuld, Beschämung, Spaltung

Gesellschaften zerbrechen selten an Streit. Sie zerbrechen an der Art, wie sie mit Differenz umgehen.

Europa war einmal ein Ort, der Unterschiede aushielt – ja, sogar feierte. Heute wird Unterschiedlichkeit zunehmend moralisch gewichtet, emotional aufgeladen, sozial geahndet.

Schuld ist nicht mehr rechtlich gebunden.

Sie wird kulturell verteilt. Wer eine „falsche" Meinung äußert, eine „unangemessene" Formulierung wählt oder in einem „nicht legitimierten" Raum spricht, riskiert sofortige Reaktion – nicht argumentativ, sondern moralisch.

Nicht: Was meinst du – und warum?

Sondern: Wie kannst du das sagen? Was sagt das über dich?

So entsteht ein Klima der sozialen Beschämung, das nichts mit Würde oder Gerechtigkeit zu tun hat – sondern mit Regulation durch Angst.

Wer dazugehört, weiß, was man sagen darf.

Wer sich nicht sicher ist, schweigt.

Und wer es dennoch tut, wird öffentlich markiert.

Das hat strukturelle Folgen:

Debatten verlieren an Tiefe, weil sie nicht mehr ergebnisoffen sind.

Gruppen ziehen sich in geschlossene Räume zurück – geschützt vor Reaktion, aber auch isoliert von Resonanz.

Die Spaltung verläuft nicht mehr nur zwischen links und rechts, oben und unten – sondern zwischen Sprechenden und Schweigenden.

Die Gesellschaft verliert nicht ihre Fähigkeit zur Kommunikation.

Sie verliert die innere Sicherheit, dass man sprechen darf, ohne gleich bewertet zu werden.

Und damit verschiebt sich der Grundmodus:

Vom Vertrauen in Gespräch zur Angst vor Bewertung.

Was bleibt, ist keine Streitkultur.

Was bleibt, ist ein Raster aus Selbstzensur, Empörungswellen und stiller Vereinzelung.

Verlust gemeinsamer Resonanzräume

Eine Gesellschaft lebt nicht von Meinungsvielfalt allein.

Sie lebt davon, dass Menschen mit unterschiedlichen Meinungen in einen Raum treten können, der sie verbindet, obwohl sie verschieden sind.

Ein Resonanzraum ist kein Konsens – sondern ein geteiltes Feld, in dem man sich hört, ohne sich gleichen zu müssen.

Solche Räume verschwinden

Nicht abrupt. Sondern leise.

Die klassischen Orte gemeinsamer Resonanz verlieren an Kraft:

Schulen, in denen früher gemeinsame Erfahrungen über Unterschiede hinweg möglich waren, werden zunehmend fragmentiert – sozial, kulturell, sprachlich.

Medien, die einst alle erreichten, richten sich heute an Zielgruppen. Jeder bekommt den Ton, den er verträgt – aber keiner mehr das Ganze.

Religionsgemeinschaften, Gewerkschaften, Vereine: viele schrumpfen, einige radikalisieren sich, viele verlieren die Fähigkeit zur durchlässigen Zugehörigkeit.

Was fehlt, ist ein gemeinsames Inneres, das nicht nur parallel existiert, sondern miteinander klingt.

Der Rückzug in Gruppen ist nicht das Problem.

Das Problem ist, dass zwischen den Gruppen nichts mehr schwingt.

Die einen sprechen über strukturellen Rassismus.

Die anderen über gefühlte Meinungsunterdrückung.

Beide sprechen – aber nicht miteinander.

Was fehlt, ist ein dritter Raum, in dem sich Perspektiven nicht relativieren, sondern aufeinander beziehen.

Das erzeugt eine doppelte Erschöpfung:

Die, die kämpfen, weil sie nicht gesehen werden.

Die, die schweigen, weil sie nicht angreifbar sein wollen.

Resonanz entsteht nicht durch Zustimmung.

Sie entsteht durch Verbindung trotz Differenz.

Wenn diese Fähigkeit verloren geht,

wird Gesellschaft zur Anordnung nebeneinander – aber nicht mehr zum Raum miteinander.

Wenn Öffentlichkeit nur noch Oberfläche ist

Öffentlichkeit war einmal ein Ort, an dem sich Menschen begegneten – nicht körperlich, aber gedanklich.

Ein Raum, in dem Ideen geprüft, Positionen gerungen, Wirklichkeit geteilt wurde.

Heute ist sie oft eine Kulisse. Schnell. Fragmentiert. Reizgesteuert.

Sichtbarkeit hat Wirkung ersetzt.

Wer gehört werden will, muss auffallen.

Wer differenziert, verliert Reichweite.

Wer innehält, riskiert, überholt zu werden.

Der öffentliche Raum wird von Algorithmen geformt, nicht von Argumenten.

Aufmerksamkeit ist die neue Währung – und wer sie hat, muss sie sofort einsetzen, bevor sie verglüht.

Was entsteht, ist keine Debatte – sondern eine Aufmerksamkeitsökonomie mit moralischer Aufladung.

Es wird nicht gefragt: Was ist wahr?

Sondern: Was wirkt? Was empört? Was trennt?

Die Folge ist nicht nur Lärm.

Die Folge ist Verflachung.

Inhalte werden in Schlagzeilen zerlegt.

Positionen werden auf Haltungen reduziert.

Haltungen werden auf Zugehörigkeit verkürzt.

Und zwischen all dem entsteht kein gemeinsamer Raum, sondern eine Abfolge von Reaktionen.

Öffentlichkeit wird so zu einem System aus Spiegeln – aber ohne Tiefe.

Was fehlt, ist nicht nur Langsamkeit.

Was fehlt, ist eine Struktur, die Bedeutung tragen kann.

Denn wenn alles gesagt werden kann – aber nichts mehr ankommt,

bleibt Öffentlichkeit sichtbar, aber nicht mehr verbindend.

Und eine Gesellschaft ohne verbindende Öffentlichkeit

steht nicht vor dem Streit –

sie steht vor dem Verlust ihrer inneren Stimme.

Kapitel 6: Wirtschaft – Vom Wert zur Simulation

Wachstum ohne Richtung

Wirtschaftliches Wachstum galt lange als Synonym für Fortschritt.

Es versprach mehr Arbeitsplätze, bessere Lebensbedingungen, steigende Einkommen.

Doch heute ist das Wachstum vieler europäischer Volkswirtschaften vom Sinn entkoppelt.

Es gibt Wachstum.

Aber es fehlt der Maßstab.

Ein Anstieg des Bruttoinlandsprodukts gilt als Erfolg – selbst wenn er auf spekulativen Immobilienblasen oder Konsum auf Pump beruht.

Die Börsenkurse steigen – während Reallöhne stagnieren, Innenstädte veröden und Grundbedürfnisse wie Wohnen und Energie für viele unerschwinglich werden.

Innovation wird gemessen an Skalierbarkeit und Rendite – nicht an Substanz, Resilienz oder Gemeinwohl.

Wachstum ist heute messbar – aber nicht mehr bewertbar

Denn die Frage, was gut ist, wurde ersetzt durch die Frage, was wächst.

Das zeigt sich strukturell:

Gesundheitswesen: Mehr Behandlungen, mehr Abrechnung – aber nicht mehr Gesundheit.

Bildung: Mehr Zertifikate, mehr Output – aber nicht mehr echte Bildung.

Landwirtschaft: Mehr Ertrag, mehr Export – aber Verlust von Böden, Vielfalt, Beziehung zum Lebendigen.

Wachstum ersetzt Orientierung – aber bietet keinen Halt.

Es gibt kaum noch Raum, Wachstum

in Frage zu stellen, ohne als fortschrittsfeindlich zu gelten

Dabei war das europäische Versprechen nie endlose Expansion – sondern menschenwürdige Entwicklung.

Doch diese ist schwer messbar.

Sie erfordert Kriterien wie:

Gedeihlichkeit

ökologische Tragfähigkeit

strukturelle Fairness

kulturelle Sinnhaftigkeit

All das passt nicht in lineare Kurven.

Und so entsteht ein Zustand, in dem sich die Wirtschaft unaufhaltsam weiterbewegt – aber niemand mehr sagen kann, ob sie sich noch in Richtung Zukunft bewegt.

Wachstum wird zur Illusion von Kontrolle.

Ein beruhigender Graph – über eine Realität, die längst fragmentiert ist.

Europa wächst noch.

Aber die Frage, wohin, ist offener denn je.

Und ohne Antwort droht Wachstum zur Simulation von Leben zu werden.

Finanzialisierung statt Produktion

Die europäische Wirtschaft wuchs einst aus Arbeit.

Aus Menschen, die etwas taten, entwickelten, herstellten, transportierten, pflegten, unterrichteten, bauten.

Wirtschaft bedeutete: eine Beziehung zwischen Tun, Wert und Wirkung.

Doch in den letzten Jahrzehnten hat sich diese Beziehung verschoben – von realer Produktion hin zu finanzieller Verwertung.

Der Begriff dafür lautet: Finanzialisierung.

Was damit gemeint ist:

Immer größere Teile der wirtschaftlichen Aktivität drehen sich nicht mehr um den realen Wert von Gütern oder Dienstleistungen, sondern um deren finanzielle Abbildung, Steuerung und Ausschöpfung.

Beispiele:

Große Konzerne investieren weniger in Maschinen, mehr in Aktienrückkäufe – um ihre Kurse künstlich zu steigern.

Immobilienmärkte explodieren – nicht weil Wohnraum gebraucht wird, sondern weil Wohnungen als Kapitalanlagen betrachtet werden.

Rohstoffe und Nahrungsmittel werden gehandelt wie abstrakte Werte – mit Preisentwicklungen, die oft nichts mehr mit realer Knappheit zu tun haben.

Unternehmen erzielen Rekordbewertungen – obwohl sie keine Gewinne erwirtschaften, solange sie Wachstumsfantasien bedienen.

Produktion verlangt Geduld, Pflege, Risiko

Finanzialisierung verlangt Zugriff, Hebel, Tempo.

Diese Dynamik verändert alles:

Investitionen fließen nicht dorthin, wo sie strukturell nötig wären – in Bildung, Pflege, Infrastruktur, nachhaltige Technologien – sondern dorthin, wo sie Rendite versprechen, schnell und hoch.

Unternehmen richten ihre Strategien nicht mehr an realen Bedürfnissen aus – sondern an Investorenerwartungen, Ratings, Kurszielen.Beschäftigte werden zunehmend als Kostenfaktor gesehen – nicht als Teil der Wertschöpfung, sondern als Risiko für Margen.

Das Resultat ist eine Wirtschaft, in der der Schein von Wert wichtiger wird als dessen Substanz.

Wo nicht mehr gefragt wird: Was nützt? Was trägt? Was bleibt?

Sondern nur noch: Was rechnet sich? Was lässt sich handeln? Was bringt Return?

Diese Entkopplung betrifft nicht nur Bilanzen –

sie wirkt tief hinein in das gesellschaftliche Selbstverständnis:

Arbeit verliert an Bedeutung – nicht weil sie unwichtig wäre, sondern weil sie nicht gut genug skaliert.

Handwerk, Pflege, Bildung – alles, was nicht spekulativ abbildbar ist, gilt als defizitär.

Die reale Welt wird zur Kulisse für einen Finanzsektor, der sich selbst bewegt – ohne Bindung an das, was trägt.

Finanzialisierung ist keine Modeerscheinung.

Sie ist ein struktureller Machtwechsel – vom Produzenten zum Portfolio.

Und sie macht mit der Wirtschaft das, was mit der Politik längst begonnen hat:

Entkopplung von Verantwortung durch Simulation von Bewegung.

Der Markt als Fiktion von Freiheit

Lange Zeit wurde gesagt:

Wo Märkte sind, ist Freiheit.

Wo Wettbewerb herrscht, entsteht Innovation.

Wo Angebot und Nachfrage regieren, entscheiden die Menschen selbst.

Doch heute wird klar:

Der Markt garantiert keine Freiheit – er braucht Struktur, um sie überhaupt möglich zu machen.

Denn was wir heute als „Markt" bezeichnen, ist oft keine offene Aushandlungszone mehr, sondern ein hochgradig reguliertes, von Macht und Technologie durchzogenes System.

Algorithmen entscheiden, welche Produkte sichtbar sind – nicht der Kunde.

Globale Konzerne diktieren Bedingungen – nicht der Wettbewerb.

Preise entstehen durch Modellierung, Arbitrage und Einflussnahme – nicht durch Angebot und Nachfrage auf Augenhöhe.

Der Markt wird zur Bühne

auf der Freiheit zwar behauptet wird, aber kaum noch erlebt werden kann.

Denn echte Freiheit braucht:

Transparenz: Wer weiß, wie entschieden wird?

Zugang: Wer darf überhaupt mitspielen?

Begrenzung: Wo endet legitimes Streben – und beginnt strukturelle Ausbeutung?

All das ist in vielen Märkten nicht mehr gegeben.

Und damit wird aus dem Versprechen der Wahl eine Illusion der Selbstbestimmung.

Wer als Einzelner einen Stromtarif wählen darf –

aber keinen Einfluss auf die Struktur der Energieerzeugung hat,

der erlebt keine Freiheit, sondern Auswahl innerhalb von Abhängigkeiten.

Wer zwischen zehn schlecht bezahlten Jobs entscheiden kann –

aber keinen existenzsichernden Beruf mehr findet,

der wählt nicht, sondern weicht aus.

Was also bleibt vom Markt als Garant von Freiheit?

Ein Mythos – solange der Markt nicht strukturell gebunden ist.

Eine Fiktion – solange das Spiel von wenigen kontrolliert wird.

Und ein Risiko – solange Freiheit mit Flexibilität verwechselt wird.

Europa steht an einem Punkt,

an dem es sich entscheiden muss:

Will es den Markt als Werkzeug einer Ordnung,

oder als Ersatz für jede Ordnung?

Denn letzteres führt nicht zur Freiheit,

sondern zur Auflösung von Verantwortung im Namen eines Systems, das sich selbst nicht mehr spürt.

Kapitel 7: Öffentlicher Diskurs – Vom Gespräch zur Entropie

Erregung, Fragmentierung, Reichweitenlogik

Der öffentliche Diskurs war einmal das Zentrum der Demokratie.

Ein Ort, an dem gesprochen, gestritten, gefragt wurde – nicht um zu siegen, sondern um zu klären, was gilt.

Heute ist dieser Raum zwar voller Stimmen, aber ohne Struktur.

Er wirkt lebendig – weil ständig etwas passiert.

Aber er trägt nicht – weil nichts mehr zusammenhält.

Drei Dynamiken überlagern das Gespräch:

1. Erregung ersetzt Bedeutung

Nachrichten werden nicht nach Relevanz sortiert, sondern nach Aufmerksamkeitswert.

Schlagzeilen sind oft Fragen oder Empörungsimpulse – nicht um zu informieren, sondern um Reaktion zu erzeugen.

Politiker, Aktivisten, Medienakteure reagieren zunehmend auf Resonanz statt auf Inhalt – das Sagbare richtet sich nach dem Möglichen im Medienstrom, nicht nach dem Nötigen in der Sache.

Das Ergebnis:

Schnelle Temperatur, wenig Substanz.

Empörung als Signatur einer Öffentlichkeit, die nicht mehr verhandelt – sondern sich entlädt.

2. Fragmentierung ersetzt Öffentlichkeit

Jeder spricht – aber oft nur für die eigene Gruppe.

Algorithmen personalisieren Information – nicht zur Orientierung, sondern zur Verstärkung bestehender Muster.

Was gesagt wird, erreicht selten andere Denk- oder Lebenswelten – sondern bleibt im eigenen Resonanzraum.

Das erzeugt Teilöffentlichkeiten ohne Überschneidung –

und verhindert genau das, was Diskurs ausmacht: Berührung durch Differenz.

Stattdessen:

Eine Welt aus Feeds, Formaten, Filterblasen.

Alles sichtbar – aber nichts mehr gemeinsam.

3. Reichweitenlogik ersetzt Dialoglogik

Wer öffentlich spricht, muss kalkulieren: Klicks, Likes, Shares, Reaktionen.

Sprache wird zur Strategie – nicht zur Suche.

Der Maßstab für Relevanz ist nicht mehr der Gehalt eines Gedankens – sondern dessen digitale Verwertbarkeit.

So entsteht eine Kommunikation, die nicht mehr auf Wahrheit zielt, sondern auf Effekt.

Wirkung wird wichtiger als Richtigkeit, Signal wichtiger als Sinn.

Selbst ernst gemeinte Beiträge müssen sich im System behaupten, das Erregung prämiert und Differenzierung bestraft.

Die Folge: Verflachung, Selbstzensur, Polarisierung.

Der öffentliche Diskurs gleicht damit einem Raum,

in dem alles gleichzeitig gesagt wird – und nichts mehr ankommt.

Das Gespräch als Struktur – mit Tiefe, Richtung, Vertrauen –

verliert gegen ein System, das laut, schnell und flüchtig ist.

Was bleibt, ist nicht Kommunikation.

Was bleibt, ist Entropie.

Und damit steht Europa vor einer leisen Gefahr:

Nicht, dass es schweigt –

sondern dass es redet, ohne zu verbinden.

Auflösung sprachlicher Tiefe

Sprache ist mehr als ein Mittel zur Verständigung.

Sie ist das Medium, in dem wir Welt gestalten, Bedeutung teilen, Wirklichkeit strukturieren.

Eine Gesellschaft, die ihre Sprache verliert, verliert nicht nur Kommunikation – sie verliert Orientierung.

Doch genau das geschieht.

Nicht, weil niemand mehr spricht –

sondern weil immer mehr gesagt wird, ohne dass noch etwas trägt.

Die Ursachen sind vielschichtig:

1. Begriffe werden entkernt

Worte wie Freiheit, Solidarität, Würde, Toleranz werden inflationär gebraucht – und verlieren dadurch ihren inneren Halt.

Sie werden strategisch verwendet, je nach Zweck, Partei, Situation – statt als gemeinsam getragene Bezugspunkte.

So wird aus Sprache Instrument, nicht mehr Träger von Beziehung.

2. Tiefe wird durch Effizienz ersetzt

Lange Sätze gelten als verdächtig.

Differenzierung stört den Fluss.

Nuancen verkomplizieren die Botschaft.

Im digitalen Raum hat sich ein Stil durchgesetzt, der Reduktion mit Klarheit verwechselt – und Vieldeutigkeit mit Schwäche.

Doch Sprache, die trägt, muss Mehrdeutigkeit aushalten können – sonst ist sie kein Raum, sondern ein Raster.

3. Emotionalisierung ersetzt Bedeutung

Wo Argumente fehlen, hilft Tonfall.

Wo Analyse fehlt, hilft Betroffenheit.

Wo Tiefe fehlt, hilft Lautstärke.

So wird Sprache nicht mehr verwendet, um Wirklichkeit zu erkennen,

sondern um sie zu ersetzen: durch Empörung, Rhetorik, Wirkung.

Die Folge ist eine stille Verarmung:

Sprache verliert ihre resonante Schicht – die Fähigkeit, etwas auszudrücken, das mehr ist als Information.

Und mit ihr verlieren wir etwas Grundsätzliches:

Die Möglichkeit, uns in der Sprache neu zu finden, statt nur zu behaupten.

Was entsteht, ist eine Oberfläche: glatt, formatiert, funktional.

Aber ohne Boden. Ohne Tiefe. Ohne Raum für das Unverfügbare.

Doch ohne sprachliche Tiefe gibt es kein echtes Gespräch.

Und ohne echtes Gespräch verliert eine Gesellschaft ihre gemeinsame Wirklichkeit.

Wahrheit als Resonanz, nicht als Behauptung

In einer Zeit, in der alles gesagt werden kann,

stellt sich nicht mehr nur die Frage: Was ist wahr?

Sondern: Wie erkennen wir Wahrheit – wenn alle reden, aber keiner mehr hört?

Lange galt:

Wahrheit ist das, was sich begründen lässt.

Was man beweisen, verteidigen, logisch herleiten kann.

Doch unter der Oberfläche dieser Idee wirkt etwas Tieferes:

Wahrheit ist das, was trägt. Was sich als stimmig erweist – in Beziehung, in Wirkung, in Struktur.

Nicht jede Wahrheit ist beweisbar.

Aber jede Wahrheit, die wirklich trägt, resoniert.

Resonanz heißt:

Ein Gedanke trifft auf etwas im Anderen – und schwingt zurück.

Nicht als Zustimmung, sondern als Echtheit.

Als das leise Empfinden: Ja. Das hat Bestand.

Diese Art von Wahrheit ist nicht laut.

Sie wirkt durch Stille, durch Klarheit, durch innere Ordnung.

Sie braucht:

Raum statt Rechthaben

Offenheit statt Kontrolle

Beziehung statt Behauptung

Das bedeutet nicht: Alles ist relativ.

Im Gegenteil: Es bedeutet, dass Wahrheit mehr ist als Position.

Sie ist Struktur, Stimmigkeit, tiefe Wirklichkeit –

die sich nicht durch Lautstärke, sondern durch Stimmkraft zeigt.

In einem öffentlichen Raum, der von Behauptung überflutet ist,

kann Wahrheit nicht mehr als Sieger erscheinen.

Sie muss als Resonanz wiederentdeckt werden.

Kapitel 8: Bildung und Wissenschaft – Die letzte Verteidigungslinie?

Formatierung statt Bildung

Bildung war einmal ein Versprechen:

Dass ein Mensch durch Auseinandersetzung mit Welt, Denken und Sprache zu sich selbst finden kann.

Nicht im Sinne von Anpassung – sondern im Sinne von Entfaltung.

Bildung bedeutete: sich der Welt aussetzen – und ihr etwas Eigenes entgegensetzen.

Heute wirkt Bildung vielerorts anders:

Nicht wie ein Raum, in dem sich Denken frei entfalten kann. Sondern wie ein System zur Formatierung.

Drei Kernverschiebungen prägen diesen Wandel:

1. Von der Persönlichkeit zur Leistungseinheit

Schüler:innen werden nicht mehr als werdende Subjekte gesehen, sondern als Inputgrößen eines Outputsystems: Prüfungen, Noten, Kompetenzen.

Das Ziel ist Verwertbarkeit – nicht Urteilskraft, nicht Selbstverhältnis, nicht Orientierung.

Lehrpläne sind dicht, Stundenpläne voll, die Zeit zum Denken knapp.

Was gefördert wird, ist Reaktion – nicht Reflexion.

Was zählt, ist richtig – nicht tief.

2. Von der Frage zur Antwort

Bildung beginnt mit Staunen, Zweifel, Suchen.

Doch der schulische Alltag ist durchgetaktet: Module, Tests, Output-Vorgaben.

Fragen gelten als Umweg – nicht als Anfang.

Lehrer:innen geraten selbst unter Druck: Curricula abarbeiten, Kompetenzen sichern, Übergänge schaffen.

Die Folge:

Statt einer Schule der Erkenntnis erleben viele eine Schule der Formatierung –

gut gemeint, gut gemeistert, aber nicht mehr getragen von innerer Freiheit.

3. Von der inneren Reife zur äußeren Passung

Bildung zielt nicht mehr auf Weltverständnis, sondern auf Systemfitness.

Wer passt, ist erfolgreich. Wer anders denkt, stört den Ablauf.

Hochbegabung wird gefördert — wenn sie sich in den Rahmen einfügt.

Kreativität ist willkommen — solange sie sich rechnet.

Das erzeugt eine stille Selektionsmatrix:

Nicht nach Tiefe, sondern nach Taktung.

Nicht nach Einsicht, sondern nach Effizienz.

Was verloren geht:

Muße — die Zeit, etwas zu durchdringen, statt nur zu durchlaufen.

Kollision — die produktive Reibung mit Weltbildern, die nicht die eigenen sind.

Sinn — das Empfinden, dass Lernen nicht auf Zielnoten, sondern auf innere Entwicklung zielt.

Bildung wird zur Vorbereitung auf das, was bereits ist —

nicht zur Befähigung, das zu hinterfragen, was nicht sein muss.

Europa steht damit an einem stillen Kipppunkt:

Wenn es Bildung weiter als Systemoptimierung versteht,

verliert es die Kraft zur Selbstkorrektur.

Denn nur wo Menschen denken dürfen, was (noch) nicht vorgesehen ist,

entsteht das Neue.

Nur dort, wo Fragen nicht stören, sondern leiten,

kann eine Zivilisation wachsen, statt nur zu funktionieren.

Drittmittelabhängigkeit, Systemzwang

Wissenschaft galt lange als der Ort größter geistiger Freiheit.

Ein Raum, in dem Erkenntnis um ihrer selbst willen gesucht wird – unabhängig, ergebnisoffen, unbestechlich.

Doch diese Idee ist heute vielerorts unter Druck.

Nicht durch offene Zensur. Sondern durch eine leise, aber wirkungsvolle Strukturverschiebung:

Erkenntnis muss sich rechnen.

Forschung muss verwertbar sein.

Gedanken müssen anschlussfähig bleiben – an Drittmittel, Fördertöpfe, Evaluationszyklen

Was geschieht dabei?

1. Drittmittel werden zur stillen Lenkungskraft

Immer weniger Forschung wird aus festen Haushaltsmitteln finanziert.

Stattdessen müssen Wissenschaftler:innen Drittmittel einwerben – von Stiftungen, Ministerien, Konzernen.

Was förderfähig ist, bestimmt, was denkbar wird.

Interdisziplinäres, spekulatives, theoretisch radikales Denken bleibt oft chancenlos – weil es sich schlecht quantifizieren lässt.

Erkenntnis wird so zum Produkt eines Markts – nicht einer inneren Notwendigkeit.

2. Wissenschaft im Modus der Projekterfüllung

Antrag, Laufzeit, Deliverables – das Denken wird in Meilensteine gegliedert.

Forschungsvorhaben werden durchgeplant, bevor man wirklich weiß, wohin sie führen.

Abweichung vom Plan ist riskant, Scheitern ein Tabu.

Das Ergebnis: Vorhersehbare Wissenschaft – effizient, aber nicht originell.

Die große Entdeckung entsteht selten im Zeitplan.

Sie entsteht, wenn jemand sich traut, dorthin zu denken,

wo niemand Mittel bereitstellt.

3. Der stille Anpassungsdruck

Wer Karriere machen will, braucht Publikationen – viele, regelmäßig, zitierfähig.

Inhalte zählen – aber nur, wenn sie anschlussfähig sind.

Wer zu weit außerhalb forscht, verliert Anschluss an das System – und damit Sichtbarkeit, Ressourcen, Möglichkeiten.

Junge Wissenschaftler:innen passen sich früh an: Thema, Sprache, Netzwerk, Methode.

Was verloren geht, ist die Fähigkeit, wahrhaft Neues zu denken – jenseits dessen, was bereits durch Peer Review bestätigt wurde.

Und die Folge?

Eine Wissenschaft, die spricht – aber nicht mehr fragt.

Die präzise rechnet – aber nicht mehr riskiert.

Die beschreibt – aber nicht mehr durchdringt.

Europa besitzt einige der besten Universitäten der Welt.

Aber es droht, ihre geistige Substanz zu verlieren, wenn es Forschung weiter wie ein Produktionssystem behandelt.

Denn Wissenschaft ist kein Dienstleister.

Sie ist der sensorische Nerv einer Zivilisation.

Dort, wo sie nicht mehr fühlen darf, was noch nicht messbar ist,

verlieren Gesellschaften ihre Fähigkeit zur echten Selbsterkenntnis.

Erkenntnis ohne inneren Raum

Wissen ist nicht gleich Erkenntnis.

Wissen kann gesammelt, gespeichert, zitiert, geprüft werden.

Erkenntnis aber entsteht dort, wo sich etwas verbindet – im Inneren.

Wo Begriffe nicht nur verstanden, sondern verankert werden.

Wo Denken nicht nur funktioniert, sondern verändert.

Doch dieser Raum – der innere Raum – fehlt zunehmend.

Drei Störungen blockieren heute diesen Raum:

1. Taktung statt Tiefe

Lernpläne, Semesterwochenstunden, Prüfungsfristen: Das Denken wird durchgetaktet.

Zeit für Irritation, für Staunen, für Reifung – kaum vorgesehen.

Fragen, die keine schnelle Antwort haben, gelten als „zu weit" oder „nicht prüfungsrelevant".

Doch Erkenntnis braucht Langsamkeit.

Sie braucht Leere – nicht als Mangel, sondern als Möglichkeit.

Wenn der Rhythmus nicht mehr stimmt,

verkümmert das Denken im Modus der Erledigung.

2. Objektivität ohne Subjekt

Wissenschaft wird heute oft als neutrale Distanz verstanden: Zahlen, Modelle, Methoden.

Doch ohne das betroffene Subjekt, das sich selbst im Denken transformiert, bleibt alles Analyse – aber keine Wandlung.

Erkenntnis ohne Innerlichkeit ist wie Musik ohne Resonanzkörper: korrekt, aber leblos.

Der Mensch, der erkennt, muss innerlich mitschwingen –

sonst bleibt die Erkenntnis fremd.

3. Verfügbarkeit statt Beziehung

Alles ist online, jederzeit abrufbar: Wissen, Modelle, Daten, Vorlesungen.

Aber Erkenntnis entsteht nicht durch Zugriff.

Sie entsteht durch Beziehung – zu einem Thema, zu einer Frage, zu sich selbst.

Der innere Raum ist kein Speicher.

Er ist ein Ort des Widerhalls.

Und wo dieser Raum fehlt – durch Stress, durch Struktur, durch Reizüberflutung –

da bleibt das Lernen äußerlich.

Da wird Wissen zur Hülle, nicht zur Formung.

Was heißt das für Europa?

Ein Kontinent, der seine Wissenschaft rein systemisch organisiert,

verliert irgendwann den Kontakt zur Wahrheit –

nicht weil sie nicht mehr da wäre,

sondern weil niemand mehr hinhört.

Die Verteidigung der Erkenntnis beginnt nicht mit Geld.

Sie beginnt mit Raum.

Mit Schutz des Unverfügbaren.

Mit Strukturen, die nicht nur Effizienz ermöglichen – sondern Tiefe.

Wissenschaft und Bildung sind keine Lieferanten von Lösung.

Sie sind die letzten Orte, an denen ein Gemeinwesen sich selbst erkennen, befragen und verwandeln kann.

Wenn sie diese Funktion verlieren,

verliert Europa seine letzte stille Intelligenz.

Kapitel 9: Was jetzt zählt – Ordnung jenseits von Meinung

Ordnung nicht als System, sondern als Haltung

Europa hat viele Systeme.

Rechtssysteme, Sozialsysteme, Bildungssysteme, Verwaltungssysteme.

Sie sind durchdacht, komplex, vielfach bewährt – und doch in der Krise.

Warum?

Weil Systeme ohne Haltung leer laufen.

Weil Ordnung nicht im Aufbau liegt –

sondern in der Art, wie man ihn lebt.

Der Irrtum unserer Zeit:

Ordnung sei etwas, das man installieren könne.

Ein Regelwerk, ein Algorithmus, eine Governance-Struktur.

Doch wahre Ordnung ist kein technisches Produkt.

Sie ist kein Raster.

Sie ist eine innere Ausrichtung.

Ordnung beginnt nicht mit Vorschriften.

Sie beginnt mit Verantwortung.

Drei Ebenen zeigen diese Verschiebung:

1. Die innere Ordnung vor der äußeren Regel

Kein Gesetz trägt, wenn es nicht getragen wird.

Keine Norm wirkt, wenn sie nicht gespürt wird.

Kein System funktioniert, wenn die Menschen darin nicht aufgerichtet handeln.

Man kann Systeme kontrollieren –

aber man kann Ordnung nicht erzwingen.

Sie entsteht dort, wo Menschen

nicht nur wissen, was gilt –

sondern fühlen, warum es gilt.

2. Haltung statt Meinung

Eine Meinung kann man haben.

Eine Haltung hat man – oder nicht.

Meinungen polarisieren.

Haltungen verbinden.

Denn Haltung heißt:

Ich trete ein – nicht nur für das, was mir nützt,

sondern für das, was trägt.

Auch dann, wenn es unbequem wird.

Europa braucht nicht mehr Meinungen.

Europa braucht mehr Menschen,

die ihre eigene Achse spüren.

3. Ordnung als Resonanzstruktur

Ordnung ist nicht Kontrolle.

Ordnung ist das, was Menschen spüren lässt, dass sie Teil eines Ganzen sind – nicht durch Zwang, sondern durch Sinn.

Diese Art von Ordnung ist still.

Man erkennt sie nicht an Vorschriften, sondern an Verlässlichkeit.

An Maß. An Anstand, der nicht diktiert, sondern ausstrahlt.

Ordnung als Haltung zeigt sich dort,

wo jemand sachlich bleibt, obwohl es schwer fällt.

Wo jemand zutiefst menschlich handelt, obwohl es niemand vorschreibt.

Wo jemand nicht Recht behält, sondern Rückgrat zeigt.

Warum das jetzt zählt

Europa hat sich in den letzten Jahren

immer wieder an seinen Systemen festgehalten –

in der Hoffnung, dass sie tragen.

Doch Systeme tragen nur,

wenn Haltung sie belebt.

Haltung ist die unsichtbare Ordnung –

und ohne sie ist alles sichtbar Gewordene instabil

Deshalb ist die Frage nicht:

Welches System brauchen wir?

Sondern:

Welche Haltung sind wir bereit, wieder zu verkörpern?

Strukturpflege statt Reizpolitik

Unsere Zeit liebt das Spektakel.

Eilmeldung folgt auf Eilmeldung.

Politik wird zur Bühne, Diskurs zur Erregung, Entscheidung zur Inszenierung.

Doch das, was Gemeinschaft wirklich trägt, entsteht nicht im Licht der Kameras.

Es entsteht im Schatten der Aufmerksamkeit – dort, wo Strukturen gepflegt werden.

Strukturpflege ist die unsichtbare Arbeit am Tragfähigen.

Was ist Strukturpflege?

Strukturpflege heißt:

Verantwortung übernehmen ohne Applaus.

Prozesse warten, bevor sie krachen.

Zwischenräume pflegen, die keiner sieht – aber alle brauchen.

Institutionen so führen, dass sie auf Dauer wirken, nicht nur auf Schlagzeilen.

Warum ist sie heute so selten?

1. Weil sie langsam ist.

Strukturpflege braucht Geduld, Wiederholung, Demut.

Sie funktioniert nicht in News-Zyklen oder Legislaturperioden.

2. Weil sie nicht wirkt – sondern trägt.

Ihre Wirkung zeigt sich nicht im Momentum, sondern im Verhinderten:

dem Skandal, der nicht eintrat;

der Radikalisierung, die verpuffte;

der Krise, die nicht eskalierte.

3. Weil sie nicht verkauft werden kann.

Sie ist nicht sexy.

Kein Wahlkampf wird mit „wir haben gepflegt" gewonnen.

Kein Hashtag geht viral, wenn alles ruhig bleibt.

Reizpolitik – das Gegenteil von Strukturpflege

In vielen europäischen Staaten wird Politik zunehmend im Modus des Reizes betrieben:

Symbolentscheidungen statt Systemanalysen

Empörungsadressierung statt Ursachenarbeit

Krisengipfel statt strategische Langzeitarchitektur

Politik wird dabei zur Reaktion –

nicht auf die Wirklichkeit, sondern auf ihre öffentliche Wahrnehmung.

Was das erzeugt:

Orientierungslosigkeit unter dem Deckmantel von Aktivität

Erschöpfte Strukturen unter der Last symbolischer Dynamik

Vertrauensverluste, weil Wirkung ohne Wurzel bleibt

Was Strukturpflege braucht

Wissen um das Ganze

Wer Strukturen pflegt, muss das System kennen – nicht nur seinen medialen Ausschnitt.

Verantwortung ohne Bühne

Die Arbeit am Tragenden geschieht oft ohne Anerkennung – und braucht Menschen, die genau deshalb bleiben.

Entscheidungen mit Nachklang

Nicht: Was wirkt sofort?

Sondern: Was trägt übermorgen?

Europa hatte einmal ein tiefes Gespür für das Notwendige –

nicht das Dringende.

Die europäischen Verträge, Institutionen, Kontrollmechanismen

sie waren Ausdruck strukturpflegender Intelligenz.

Heute stehen wir an einem Punkt,

wo diese Intelligenz neu aktiviert werden muss.

Nicht mit neuen Schlagworten.

Sondern mit der Rückkehr zu einer Haltung,

die pflegt, bevor sie rettet –

und ordnet, bevor sie bricht.

Hoffnung als Folge innerer Ordnung, nicht als Gefühl

In Krisenzeiten wird oft von Hoffnung gesprochen.

Politiker beschwören sie, Medien appellieren an sie, Gesellschaften sehnen sich nach ihr.

Doch was ist Hoffnung wirklich?

Und was ist sie nicht?

Hoffnung ist kein Gefühl.

Sie ist keine Stimmung, kein Trost, kein psychologisches Aufatmen.

Echte Hoffnung ist eine Strukturfolge.

Sie entsteht nicht im Wunsch –

sondern in der inneren Ordnung, die dem Wunsch vorausgeht.

Was bedeutet das konkret?

1. Hoffnung ist kein Versprechen.

Sie entsteht nicht dadurch, dass jemand sagt: „Es wird schon gut."

Sondern dadurch, dass jemand zeigt: „Ich stehe. Ich halte. Ich trage."

Hoffnung ist das Echo auf Haltung – nicht auf Rhetorik.

2. Hoffnung beginnt im Kleinen.

Dort, wo Menschen Verantwortung übernehmen, ohne Garantie.

Wo sie Strukturen pflegen, ohne Beifall.

Wo sie sich selbst ordnen, damit das Ganze wieder atmen kann.

Hoffnung ist das Licht, das dort entsteht,

wo jemand Ordnung schafft – auch wenn alles dagegen spricht.

3. Hoffnung wirkt durch Klarheit.

Nicht durch Beschwichtigung.

Nicht durch Ablenkung.

Sondern durch das stille Wissen:

Es gibt noch Menschen, die nicht aufgeben –

nicht aus Trotz, sondern aus Wahrheit.

Hoffnung in Europa

Europa braucht nicht mehr Mutmacher.

Europa braucht Strukturgeber.

Menschen, die so handeln, dass andere wieder glauben können – nicht, weil es leicht wird, sondern weil es wieder möglich wird.

Die große Hoffnung ist nicht die, die ruft: „Alles wird gut.“

Sondern die, die trägt, wenn nichts gut scheint.

Die Hoffnung Europas liegt nicht in einem Plan.

Nicht in einem Parteiprogramm.

Sondern in der stillen Rückkehr zu innerer Ordnung.

Hoffnung ist die Frucht der Ordnung –

nicht deren Ersatz.

Und vielleicht ist genau das der leise Wendepunkt:

Nicht ein Aufbruch im Rausch.

Sondern ein leises Wiederfinden des Maßes.

Kapitel 10: Innovation braucht Raum – Warum Europa nicht Silicon Valley sein darf

Missverständnis Innovation (Effizienz ≠ Erkenntnis)

Innovation ist eines der am häufigsten benutzten Schlagworte unserer Zeit.

Es steht auf Förderprogrammen, Strategiepapiere tragen es im Titel, und ganze Wirtschaftsräume messen sich an ihrer „Innovationskraft".

Doch kaum ein Begriff wird so sehr missverstanden wie dieser.

Denn Innovation ist nicht gleich Geschwindigkeit.

Nicht gleich Disruption.

Und schon gar nicht gleich Effizienz.

Das moderne Missverständnis

In vielen politischen und wirtschaftlichen Kontexten gilt heute:

Je schneller etwas entwickelt wird, je skalierbarer es ist, je besser es monetarisiert werden kann – desto innovativer sei es.

Doch das ist keine Innovation.

Das ist Optimierung – oft auf engem, kurzfristigem Feld.

Es ist technische Beschleunigung, nicht notwendigerweise Erkenntnisgewinn.

Echte Innovation beginnt anders

Wirkliche Innovation:

sieht etwas, das vorher unsichtbar war,

schafft Raum für eine neue Ordnung,

bringt Erkenntnis hervor, nicht nur Ergebnis.

Das bedeutet:

Innovation ist nicht die Antwort auf Konkurrenz, sondern auf Komplexität.

Sie entsteht nicht unter Druck, sondern durch Öffnung.

Warum Europa in die Irre geführt wird

Europa versucht vielerorts, mit Silicon Valley zu konkurrieren –

in Geschwindigkeit, in Kapitalfluss, in Gründungszahlen.

Aber es verliert dabei seine eigene Stärke.

Denn Europa war nie ein Kontinent der Hast.

Es war ein Raum der Tiefe.

Es hat Wissenschaft hervorgebracht, nicht nur Technik.

Philosophie, nicht nur Plattformen.

Recht, nicht nur Regeln.

Das waren Innovationen – weil sie Ordnungen verändert haben, nicht nur Prozesse.

Der Preis der Verwechslung

Das Missverständnis Innovation hat Folgen:

Fördersysteme werden auf Output getrimmt

– wer schnell verwertbare Ergebnisse liefert, wird belohnt. Langsames Denken wird bestraft.

Bildung wird auf Skills verkürzt

– nicht mehr auf Denkfähigkeit, sondern auf Anwendungsfähigkeit.

Wissenschaft wird projektifiziert

– statt Wahrheitssuche zählt Drittmittel-Logik, Zitationsquote, Verwertungsnähe.

Start-ups werden zu Anlageobjekten

– statt zu Suchräumen für echte Lösungen.

Was fehlt?

Raum für Unwissen.

Zeit für Scheitern.

Vertrauen in Nicht-Messbares.

Kurz: Struktur für Erkenntnis statt Struktur für Output.

Innovation, die nur effizient ist, erzeugt Bewegung –

aber keine Richtung.

Innovation, die erkenntnisoffen ist,

kann still beginnen –

aber sie verändert das Ganze.

Was schöpferisches Denken wirklich braucht: Stille, Zeit, Vertrauen

Innovation ist nicht nur eine technische Disziplin.

Sie ist eine anthropologische Grundfähigkeit:

Die Fähigkeit des Menschen, über das Bestehende hinauszudenken –

nicht aus Reiz, sondern aus innerer Bewegung.

Doch diese Bewegung braucht Raumbedingungen, die heute fast verschwunden sind.

1. Stille

In der Stille entsteht nicht weniger –

sondern mehr als im Lärm.

Stille ist nicht die Abwesenheit von Geräusch.

Sie ist das Fehlen von Ablenkung, Bewertung, Taktung.

Sie ist der Ort, an dem Gedanken reif werden dürfen, ohne sofort ausgeführt oder verteidigt werden zu müssen.

Wer in einem permanent lauten System denkt,

kann vielleicht reagieren –

aber nicht erschaffen.

Deshalb war Europa einst stark:

Weil es Räume hatte, in denen gedacht wurde, bevor gehandelt wurde.

2. Zeit

Schöpferisches Denken hat seinen eigenen Rhythmus.

Nicht lineares Projektmanagement, sondern nichtlineare Reifung.

Eine gute Idee braucht manchmal Wochen des Schweigens –
bevor sie in einer Stunde Form gewinnt.

Erkenntnisprozesse folgen keinem Plan, sondern innerer
Notwendigkeit.

Unsere Gesellschaft misst Zeit in Terminen –

aber Innovation braucht Zyklen.

Ein Kontinent, der keine Zeit mehr hat zu denken,

wird irgendwann alles nur noch kaufen, was andere erfinden.

3. Vertrauen

Nichts entsteht, wenn der Raum nicht hält.

Wirklich Neues braucht Sicherheit, nicht Kontrolle.

Vertrauen, dass Scheitern nicht das Ende ist.

Vertrauen, dass Umwege notwendig sind.

Vertrauen, dass Erkenntnis zuerst Unordnung erzeugen darf.

In einer Struktur der Misstrauenssteuerung – voller
Evaluierungen, Rechtfertigungen, Output-Messung –
verkümmert der schöpferische Impuls.

Vertrauen ist nicht naiv.

Es ist die Voraussetzung dafür, dass etwas entsteht,

das man nicht vorher wissen konnte.

Europas leise Kraft

Europa war immer dann schöpferisch,

wenn es nicht beschleunigt, sondern vertieft hat.

Als in Klöstern und Bibliotheken über Jahrhunderte Texte gesammelt und gedacht wurden.

Als in Cafés und Universitäten des 19. Jahrhunderts Theorien geboren wurden, weil Menschen einander zuhörten.

Als Künstler, Denker, Erfinder Fehler machen durften, weil die Gesellschaft wusste, dass sie sie braucht.

Diese Kraft ist nicht vergangen.

Aber sie wird überdeckt – von Betriebsamkeit, Verwertungsdruck und Vergleich mit Modellen, die nicht zu Europa passen.

Schöpferisches Denken braucht keine Tools.

Es braucht Vertrauen in das, was geschieht, wenn man nicht sofort eingreift.

Und genau darin liegt Europas Chance:

Nicht in der Imitation des Silicon Valley –

sondern in der Rückkehr zu seiner eigenen Tiefenstruktur.

Wie Europa durch Strukturkraft zur Quelle echter Innovation werden könnte

Europa muss nicht Silicon Valley werden, um schöpferisch zu sein.

Im Gegenteil: Gerade weil es nicht Silicon Valley ist,

hat es die Chance, etwas anderes – etwas Tieferes – hervorzubringen.

Denn Europas Stärke war nie der technologische Vorsprung,

sondern die Fähigkeit zur strukturierenden Tiefe.

Was bedeutet Strukturkraft?

Strukturkraft ist die Fähigkeit, Ordnungen hervorzubringen,

die nicht nur funktionieren, sondern tragen.

Sie ist die Kraft, Komplexität nicht zu unterdrücken – sondern haltbar zu machen.

Sie schafft keine Oberflächenlösungen – sondern tragfähige Rahmen.

Sie denkt nicht in Märkten, sondern in Möglichkeitsräumen.

Echte Innovation braucht nicht Geschwindigkeit –

sondern eine Ordnung, in der sie wirken darf.

Europas historisches Fundament

Europa hat:

das Konzept der Menschenrechte entwickelt,

das Prinzip des Rechts über Macht formuliert,

die Universitäten hervorgebracht,

die Wissenschaftlichkeit systematisiert,

die klassische Musik, die Aufklärung, die kritische Theorie,

die Fähigkeit, Unterschiedlichkeit zivil zu halten.

All das war Innovationskraft –

nicht als Technologie, sondern als Zivilisationsenergie.

Was wäre ein europäischer Innovationsraum?

Ein Raum, der:

nicht Innovation fordert, sondern ermöglicht,

nicht Produkte erzwingt, sondern Fragen erträgt,

nicht Start-ups pusht, sondern Sinnräume pflegt,

nicht auf Kapital reduziert, sondern auf Verantwortung baut.

Ein Raum, in dem:

Zeit nicht verschwendet, sondern verwandelt wird,

Bildung nicht formatiert, sondern geöffnet wird,

Politik nicht steuert, sondern hält.

Warum das möglich ist – gerade jetzt

Weil Europa erschöpft ist –

aber gerade diese Erschöpfung zur Klärung führen kann.

Weil es nicht mehr mit Geschwindigkeit konkurrieren kann –

aber mit Tiefe neu anfangen könnte.

Weil es seine innere Ordnung fast verloren hat –

aber gerade deshalb die Chance zur Rückbindung besitzt.

Der größte Innovationsschub entsteht nicht durch Geld –

sondern durch das Wiederfinden des Maßes.

Und genau das könnte Europas Geschenk an die Welt sein:

Nicht neue Plattformen.

Nicht neue Produkte.

Sondern ein neuer Resonanzraum für das, was werden will.

Innovation ohne Struktur ist Aktionismus.

Innovation durch Struktur ist Kultur.

Und Europa ist – wenn es sich erinnert – genau dafür gemacht.

Kapitel 11: Der letzte Anker – Europas Verantwortung in einer taumelnden Welt

Globale Lage: USA, China, Russland, Afrika, Indien

Die Weltordnung befindet sich in einem Zustand tiefgreifender Neuverhandlung –

nicht als bewusster Prozess, sondern als Folge wachsender Orientierungslosigkeit.

Was früher durch klare Blöcke, Bündnisse und Abkommen strukturiert war,

löst sich auf – in Zonen von Einfluss, Abwehr, Abkopplung.

Europa steht mittendrin.

Nicht als dominierender Akteur –

sondern als Raum, dem die alte Weltordnung entgleitet,

ohne dass eine neue tragfähige geboren wurde.

USA – Zwischen Selbsterhalt und systemischer Müdigkeit

Die Vereinigten Staaten bleiben militärisch, technologisch und kulturell ein globaler Machtpol.

Doch ihre innere Struktur zeigt deutliche Ermüdung:

Polarisierung lähmt politische Prozesse – das Land ist strukturell tief gespalten.

Der demokratische Konsens ist fragil geworden – Institutionen werden offen infrage gestellt.

Außenpolitik pendelt zwischen Interventionsmüdigkeit und globalem Ordnungsanspruch.

Die USA verteidigen die Weltordnung,

deren Architekten sie einst waren –

aber ohne das Vertrauen, sie erneuern zu können.

Was früher als Führungsanspruch erschien,

wirkt heute oft wie Selbsterhalt in globaler Überdehnung.

Europa kann sich nicht mehr darauf verlassen, dass Amerika „die Ordnung hält".

Es muss beginnen, selbst zu verstehen, was Ordnung in Zukunft bedeutet.

China – Expansion durch Systemlogik

China ist kein klassischer Akteur auf dem Spielfeld der liberalen Weltordnung.

Es ist ein Zivilisationsstaat mit eigenem Ordnungsverständnis –

geprägt durch Hierarchie, Stabilität, Langzeitstrategie.

Die Belt and Road Initiative bindet große Teile Afrikas, Asiens und Europas infrastrukturell an China.

Digitale Kontrolle und wirtschaftlicher Zentralismus zeigen ein Modell, das auf Effizienz statt Freiheit setzt.

Politisch wird keine direkte Konfrontation gesucht – sondern schrittweise systemische Dominanz durch Strukturvernetzung.

China exportiert nicht Ideologie –

sondern Infrastruktur, Abhängigkeit und Geschwindigkeit.

Für Europa bedeutet das:

Nicht nur technologische Unabhängigkeit,

sondern kulturelle Selbstvergewisserung ist notwendig.

Denn China ist nicht "anders" –

es ist ein systemischer Spiegel, der fragt:

Was tragt ihr wirklich – außer Werten auf Papier?

Russland – Zersetzung durch Kontrolle

Russland agiert weniger als Ordnungsmacht –

sondern als Störungskraft im globalen Gleichgewicht.

Der Angriff auf die Ukraine ist kein Territorialkrieg allein,

sondern ein Angriff auf das Prinzip völkerrechtlicher Bindung.

Die russische Innenpolitik zeigt eine Systemstruktur,

die Stabilität über Freiheit, Macht über Recht, Loyalität über Wahrheit stellt.

International unterstützt Russland Ordnungsgegner –

nicht, um ein neues Modell zu etablieren,

sondern um multilaterale Koordination zu unterlaufen.

Russland agiert nicht als Zukunft –

sondern als Blockade der Vergangenheit.

Für Europa ist das keine militärische, sondern eine strukturpolitische Herausforderung:

Wie begegnet man einer Macht,

die nicht gewinnen will –

sondern verhindern, dass andere gestalten?

Afrika – der vergessene Spiegel Europas

Afrika ist oft nicht präsent in den geopolitischen Leitdiskursen Europas –

außer als Migrationsursache oder Krisenherd.

Dabei ist Afrika:

demografisch jung,

wirtschaftlich im Aufbruch,

strukturell fragmentiert,

und kulturell vielschichtiger, als europäische Politik oft wahrnimmt.

Die Beziehung Europas zu Afrika ist historisch belastet –

Kolonialismus, Ausbeutung, strukturelle Abhängigkeit.

Doch sie könnte transformiert werden –

nicht durch Entwicklungshilfe, sondern durch strukturresonante Partnerschaft.

Afrika braucht keine Belehrung –

es braucht Raum für eigene Wege.

Und Europa könnte der erste Kontinent sein,

der nicht missioniert, sondern zuhört –

nicht standardisiert, sondern kooperiert in Würde.

Indien – der unstabile Gigant

Indien ist Demokratienarrativ und Machtstruktur zugleich.

Wirtschaftlich wächst das Land rasant – mit enormer interner Ungleichheit.

Politisch bewegt es sich zwischen offener Demokratie und autoritärer Rhetorik.

Gesellschaftlich wird das Spannungsverhältnis zwischen Tradition und Modernisierung immer sichtbarer.

Indien wird zur Macht –

aber ohne klaren Kompass.

Seine geopolitische Rolle ist oft balancierend, nicht gestaltend.

Es will dabei sein – aber nicht festgelegt werden.

Europa muss Indien ernst nehmen, ohne sich zu vereinnahmen.

Nicht als Verbündeten im alten Sinn –

sondern als eigenen Pol in einer multipolaren Welt.

Fazit dieses Abschnitts:

Die Welt taumelt –

nicht aus Schwäche, sondern weil das Ordnungsmuster vergangener Jahrzehnte erodiert.

Was bleibt, ist nicht Leere –

sondern die Frage nach neuer Struktur.

Und hier beginnt Europas stiller Auftrag –

den wir im nächsten Abschnitt gemeinsam entfalten können:

Zerfall der multilateralen Ordnung

Die multilaterale Weltordnung, wie sie nach dem Zweiten Weltkrieg entstanden ist, war nie perfekt – aber sie war ein Versuch, Macht durch Struktur zu binden. Sie beruhte auf einer einfachen Idee:

Dass Staaten, so verschieden sie auch sind, sich auf gemeinsame Regeln verpflichten können – nicht aus Idealismus, sondern aus Einsicht in die eigene Begrenzung.

Diese Ordnung war nicht naiv.

Sie war bewusst konstruiert gegen das, was Europa selbst erlebt hatte:

Krieg, Expansion, Entgrenzung.

Organisationen wie die Vereinten Nationen, die Weltbank, der Internationale Währungsfonds, später die Welthandelsorganisation – all das waren keine Neutralitätsräume, sondern Ordnungsanker:

Sie sollten helfen, Interessen zu verhandeln, ohne dass daraus sofort Gewalt wird.

Heute zerfällt diese Struktur – nicht abrupt, aber sichtbar.

Symptome des Zerfalls:

Entwertung von Abkommen

Verträge werden einseitig gekündigt oder ignoriert (z. B. INF-Abrüstungsvertrag, Pariser Klimaabkommen, Migrationspakt).

Staaten handeln zunehmend bilateral oder in Ad-hoc-Koalitionen, nicht mehr im Rahmen kollektiver Institutionen.

Lähmung durch Veto

Der UN-Sicherheitsrat ist in vielen Konflikten handlungsunfähig – nicht weil keine Einsicht bestünde, sondern weil Vetopositionen strategisch genutzt werden (z. B. Syrien, Ukraine, Israel/Palästina).

Multilaterale Institutionen werden so zum Schauplatz von Blockade, nicht von Lösung.

Erosion durch Misstrauen

Globale Organisationen stehen zunehmend unter dem Vorwurf, parteiisch, ineffektiv oder fremdgesteuert zu sein.

Die Idee, dass es überhaupt einen gemeinsamen Raum für globale Regeln geben kann, wird infrage gestellt.

Rückzug ins Nationale

Viele Staaten setzen auf Autarkie, Grenzkontrollen, nationale Industriestrategien – nicht als Reaktion auf Notlagen, sondern als neue Normalität.

Selbst in Europa wird wieder über „Souveränität" gesprochen – nicht als geteilte, sondern als ausschließende.

Was wirklich zerfällt, ist nicht nur eine Ordnung –

sondern das Vertrauen, dass gemeinsame Ordnung überhaupt möglich ist.

Die USA ziehen sich nicht nur zurück – sie relativieren den Wert multilateraler Bindung.

Russland zerstört nicht nur Regeln – es verhöhnt den Anspruch auf gemeinsame Grundlage.

China nutzt bestehende Strukturen strategisch – ohne sie innerlich zu tragen.

Viele Staaten des globalen Südens erleben multilaterale Regeln als postkoloniale Steuerung.

Was daraus entsteht, ist kein neues System –

sondern ein multipolares Feld mit sinkender Koordination und wachsender struktureller Aggression.

Und Europa?

Europa ist nicht unschuldig.

Auch hier werden Regeln gebogen, Urteile ignoriert, Mechanismen instrumentalisiert.

Doch im Vergleich zu anderen Weltregionen bleibt Europa der Kontinent mit der größten institutionellen Selbstbindung.

Und genau daraus könnte sich ein Auftrag ergeben.

Nicht, die alte Ordnung zu retten –

aber die Idee von Ordnung neu zu denken.

Nicht, überall mitzumischen –

aber Resonanzräume zu halten, in denen das Gemeinsame nicht sofort zerfällt.

Nicht, neue Regeln zu schaffen –

aber Strukturen vorzuleben, in denen Regeln wieder Bedeutung haben.

Europa als Nicht-Macht mit Strukturpotenzial

Europa wird in geopolitischen Analysen oft belächelt.

Zu schwach, zu langsam, zu zerstritten. Keine harte Macht, keine einheitliche Stimme.

Kein militärischer Arm, kein imperialer Wille.

Doch genau in diesem Mangel liegt eine Möglichkeit, die weit über klassische Machtbegriffe hinausgeht:

Europa ist keine Weltmacht –

aber es könnte eine Strukturmacht sein.

Was bedeutet das?

Nicht Macht durch Zwang, sondern Einfluss durch Ordnung.

Nicht Dominanz durch Stärke, sondern Resonanz durch Bindung.

Europa hat in den letzten Jahrzehnten etwas Einzigartiges geschaffen:

Ein Raum freiwilliger Rechtsbindung zwischen souveränen Staaten.

Ein System, in dem Gerichte Staaten zur Ordnung rufen können – und es geschieht.

Eine Öffentlichkeit, die plural ist und doch gemeinsame Grundlagen kennt.

Institutionen, die nicht perfekt sind, aber mehr Bindung erzeugen als jeder andere Kontinent.

Diese stille Strukturkraft ist leicht zu übersehen –

weil sie sich nicht durchsetzen will, sondern tragen.

Sie will nicht gewinnen.

Aber sie hält.

Und genau das macht sie in einer taumelnden Welt so wertvoll.

Europa als Resonanzkörper für Ordnung

In einer Welt, in der Macht zunehmend taktisch wird,

könnte Europa ein Ort sein, an dem Prinzipien Raum bekommen – nicht weil sie nützen, sondern weil sie gelten.

Europa kann nicht den Nahostkonflikt lösen –

aber es kann Räume halten, in denen Differenz nicht automatisch Feindschaft bedeutet.

Europa kann nicht den Machtkampf USA/China beenden –

aber es kann zeigen, dass Kooperation ohne Unterwerfung möglich ist.

Europa kann Afrika nicht „entwickeln" –

aber es kann sich als Partner auf Augenhöhe verlernen und neu lernen.

Diese Form von Einfluss ist nicht sichtbar in Truppenstärken oder Exportzahlen.

Aber sie wirkt – leise, tief, verbindend.

Nicht-Macht als Stärke

Was, wenn Europa nie zur Weltmacht taugen sollte?

Was, wenn genau das sein Auftrag ist?

Nicht als Schwäche –

sondern als alternatives Ordnungsmodell in einer Welt, die neue Maßstäbe sucht.

Ein Kontinent, der nicht kolonisiert, nicht missioniert, nicht korrumpiert,

sondern Strukturen schafft, die sich an Prinzipien messen lassen – auch gegen sich selbst.

Europa kann keine Supermacht sein.

Aber es kann ein Raum sein, der zeigt:

Macht ist nicht das Letzte. Ordnung ist möglich.

Der stille Auftrag: kein Retter – aber ein Resonanzpunkt

Europa muss niemanden retten.

Nicht die Welt. Nicht die Demokratie. Nicht einmal sich selbst im klassischen Sinn.

Denn Retten setzt Überlegenheit voraus –

doch Europa ist nicht überlegen.

Was Europa heute leisten kann, ist etwas anderes:

Raum halten. Resonanz ermöglichen. Struktur bewahren.

In einer Welt, in der sich viele nur noch in der Opposition zum Anderen definieren,

kann Europa ein Ort sein, der nicht reagiert – sondern antwortet.

Nicht durch Stärke. Nicht durch Lautstärke.

Sondern durch etwas viel Seltenes: innere Ordnung inmitten äußerer Unruhe.

Der Resonanzpunkt

Ein Resonanzpunkt ist kein Zentrum der Macht –

sondern ein Ort, an dem etwas spürbar wird, das größer ist als Interesse.

Europa könnte ein solcher Punkt sein:

Wo Vielfalt nicht aufgelöst wird, sondern tragfähig gehalten.

Wo Recht nicht instrumentalisiert wird, sondern Prinzip bleibt.

Wo Geschichte nicht beschwiegen oder verklärt wird, sondern geordnet erinnert.

Wo der Mensch nicht berechnet wird, sondern Maßstab bleibt.

All das ist nicht spektakulär.

Aber es wirkt.

Still. Nachhaltig. Tiefer als die meisten Interventionen.

Denn Resonanz ist kein Effekt. Sie ist eine Antwort der Welt auf Haltung.

Warum Europa zählt – gerade jetzt

Wenn andere Räume sich in Machtkämpfen verlieren,

kann Europa ein Raum bleiben, in dem gemeinsame Weltbezüge entstehen dürfen.

Nicht als moralisches Vorbild –

sondern als existenzielle Strukturhilfe.

Nicht weil es besser weiß –

sondern weil es besser hört.

Nicht weil es fertig ist –

sondern weil es bereit ist, zu beginnen.

Und so endet dieses Kapitel mit einem letzten Satz –

einem Satz, der nicht behauptet, sondern offen lässt:

„Europa ist vielleicht nicht bereit.

Aber es ist noch frei genug, es zu werden."

Anhang

(in Auszügen, redaktionell gekürzt und in Klartext gegliedert – Stand: Protokolle bis inkl. 15)

Die Europäische Menschenrechtskonvention (EMRK), unterzeichnet am 4. November 1950 in Rom, ist das zentrale Menschenrechtsdokument Europas. Sie schützt Grundrechte auf überstaatlicher Ebene – einklagbar vor dem Europäischen Gerichtshof für Menschenrechte (EGMR) in Straßburg.

Nachfolgend einige zentrale Artikel, die das Rückgrat der Konvention bilden:

Artikel 2 – Recht auf Leben

Jedes menschliche Wesen hat das Recht auf Leben.

Tötung ist nur in streng begrenzten Ausnahmefällen zulässig – etwa zur Verteidigung gegen unmittelbare Gewalt oder bei gesetzmäßigem Gewalteinsatz durch Polizei.

Artikel 3 – Verbot der Folter

Niemand darf gefoltert oder unmenschlich oder erniedrigend behandelt oder bestraft werden.

Dieser Artikel ist absolut – er kennt keine Ausnahmen.

Artikel 5 – Recht auf Freiheit und Sicherheit

Jeder Mensch hat das Recht auf persönliche Freiheit.

Freiheitsentzug ist nur auf gesetzlich geregeltem Weg und unter klaren Voraussetzungen zulässig.

Artikel 6 – Recht auf ein faires Verfahren

Jede Person hat das Recht auf ein faires, öffentliches Verfahren vor einem unabhängigen, unparteiischen Gericht – insbesondere im Strafrecht, aber auch in zivilrechtlichen Verfahren.

Artikel 8 – Recht auf Achtung des Privat- und Familienlebens

Privatsphäre, Familie, Wohnung und Korrespondenz sind zu achten.

Eingriffe durch den Staat sind nur zulässig, wenn sie auf Gesetz beruhen und einem legitimen Ziel dienen (z. B. Schutz der öffentlichen Sicherheit).

Artikel 9 – Gedanken-, Gewissens- und Religionsfreiheit

Jeder Mensch darf denken, glauben und seinen Glauben frei ausüben.

Diese Freiheit umfasst auch das Recht, seinen Glauben zu wechseln – oder keinen Glauben zu haben.

Artikel 10 – Freiheit der Meinungsäußerung

Jeder Mensch hat das Recht, seine Meinung frei zu äußern – auch wenn sie unbequem ist.

Einschränkungen sind nur zulässig, wenn sie gesetzlich vorgesehen und notwendig in einer demokratischen Gesellschaft sind (z. B. zum Schutz anderer).

Artikel 11 – Versammlungs- und Vereinigungsfreiheit

Das Recht, sich friedlich zu versammeln und Vereinigungen zu gründen, ist geschützt – auch für Gewerkschaften und politische Organisationen.

Artikel 13 – Recht auf wirksame Beschwerde

Wer sich in einem seiner Rechte verletzt sieht, hat das Recht auf wirksame Beschwerde bei einer nationalen Instanz.

Artikel 14 – Diskriminierungsverbot

Die gewährten Rechte dürfen nicht wegen Geschlecht, Herkunft, Religion, politischer Überzeugung oder anderer Merkmale verweigert oder eingeschränkt werden.

Diese Auszüge zeigen:

Die EMRK ist kein abstraktes Ideal – sie ist ein konkreter, strukturierter Schutzraum für Menschenwürde inmitten politischer Wirklichkeit.

Zentrale Quellen (Forderungstexte, Statistiken, Urteile, Studien)

(Auswahl grundlegender Dokumente, Daten und Belege zur Vertiefung und Prüfung)

Dieser Abschnitt dokumentiert wesentliche Primär- und Sekundärquellen, die im Buch direkt oder indirekt angesprochen wurden. Sie dienen der eigenständigen Nachprüfung, Kontextualisierung und Vertiefung.

1. Offizielle Texte und Verträge

Europäische Menschenrechtskonvention (EMRK)

Originaltext mit Zusatzprotokollen:

https://www.coe.int/de/web/conventions/full-list/-/conventions/treaty/005

Vertrag von Maastricht (1992)

Grundstein der EU-Integration

https://eur-lex.europa.eu/legal-content/DE/TXT/?uri=CELEX:11992M/TXT

Grundrechtecharta der Europäischen Union (2000)

https://www.europarl.europa.eu/charter/pdf/text_de.pdf

2. EMRK-Reformdebatte & politische Stellungnahmen

UK Government Policy Paper on ECHR Reform (2022–2023)

gov.uk/government/publications/human-rights-act-reform

Berichte des Europarats zu Reformforderungen einzelner Staaten

https://www.coe.int/en/web/human-rights-intergovernmental-cooperation

3. Gerichtsurteile und Leiturteile des EGMR

EGMR – Fall Hirst v. UK (2005) – Wahlrecht für Gefangene

EGMR – Fall Baka v. Hungary (2016) – Unabhängigkeit der Justiz

EGMR – Fall Dudgeon v. UK (1981) – Diskriminierung aufgrund sexueller Orientierung

Urteilssammlung: https://hudoc.echr.coe.int

4. Statistische Grundlagen und Studien

Eurobarometer-Berichte zu Demokratievertrauen und Menschenrechten

https://europa.eu/eurobarometer

OECD Society at a Glance (2023) – Sozialdaten zu Ungleichheit, Bildung, Vertrauen

https://www.oecd.org/social/society-at-a-glance-19991290.htm

Bertelsmann Transformation Index (BTI) Europa-Kapitel

https://bti-project.org/en

World Justice Project – Rule of Law Index

https://worldjusticeproject.org/rule-of-law-index

5. Weiterführende Quellen aus Zivilgesellschaft und Forschung

Venice Commission – Europäischer Rat für Demokratie durch Recht

https://www.venice.coe.int

Human Rights Watch: Reports zu EMRK-Länderlage

https://www.hrw.org/europe/central-asia

Max-Planck-Institut für ausländisches öffentliches Recht

https://www.mpil.de

Glossar: Resonanz, Strukturbruch, Menschenwürde

Drei Begriffe, ohne die dieses Buch nicht lesbar wäre – und ohne die Europa nicht denkbar bleibt.

Resonan

Resonanz bedeutet: In Beziehung treten, ohne vereinnahmt zu werden.

Etwas klingt – und etwas anderes antwortet, ohne sein Eigenes zu verlieren.

In gesellschaftlichem Sinn ist Resonanz die Fähigkeit, Unterschied auszuhalten, ohne ihn aufzulösen. Sie ist die Grundlage jedes echten Gesprächs, jeder tiefen Erkenntnis und jeder politischen Ordnung, die den Menschen nicht übergeht, sondern einlädt.

Resonanz ist mehr als Zustimmung.

Sie ist das Spüren von Bedeutung im Anderen.

Wenn eine Gesellschaft resonanzfähig ist, bleibt sie lebendig.

Wenn nicht, wird sie laut – aber leer.

Strukturbruch

Ein Strukturbruch ist mehr als eine Krise.

Er bezeichnet den Verlust innerer Ordnung, noch bevor Systeme nach außen sichtbar kollabieren.

Wenn Verfahren weiterlaufen, aber Prinzipien nicht mehr gelten –

wenn Institutionen funktionieren, aber nicht mehr tragen –

wenn Worte benutzt werden, ohne dass ihre Bedeutung geteilt wird –

dann liegt kein Skandal vor, sondern ein Strukturbruch.

Er ist leise.

Er ist schleichend.

Und er ist gefährlicher als jeder laute Umsturz –

weil er aussieht wie Normalität.

Menschenwürde

Menschenwürde ist nicht messbar.

Sie ist nicht bedingt.

Und sie ist nicht verhandelbar.

Sie bedeutet: Jeder Mensch ist Ziel – nie Mittel.

Nicht weil er nützlich ist, nicht weil er brav ist,

sondern weil seine bloße Existenz Grund genug ist, ihn zu achten.

Menschenwürde beginnt dort, wo wir aufhören, zu fragen,

ob jemand „es verdient".

Und sie endet dort, wo wir beginnen, Bedingungen zu stellen.

Die Europäische Idee lebt nicht von Macht –

sondern von der radikalen Anerkennung dieser Würde.

Literatur- und Quellennachweise

(Auswahl zentraler Werke, Studien, Beiträge und Quellen, die zur Entstehung dieses Buches beigetragen haben)

Diese Liste enthält keine vollständige Bibliografie, sondern eine bewusste Auswahl von Werken, die – direkt oder indirekt – strukturell in dieses Buch eingeflossen sind. Manche liefern Zahlen, andere Begriffe, wieder andere Atmosphäre. Gemeinsam bilden sie den Resonanzraum, aus dem dieses Buch entstanden ist.

Politik & Demokratie

Pierre Rosanvallon – Die Gegen-Demokratie: Politik im Zeitalter des Misstrauens

Jan-Werner Müller – Was ist Populismus?

Yascha Mounk – Der Zerfall der Demokratie

Ivan Krastev – Ist heute schon morgen?

Menschenrechte & Recht

Ralf Poscher – Menschenrechte. Ein juristisches Essay

Heiner Bielefeldt – Menschenrechte in der Kritik

EGMR – Jahresberichte & Urteilsdatenbank (hudoc.echr.coe.int)

Venice Commission Reports (www.venice.coe.int)

Gesellschaft & Diskurs

Hartmut Rosa – Resonanz. Eine Soziologie der Weltbeziehung

Byung-Chul Han – Die Austreibung des Anderen / Die Transparenzgesellschaft

Carolin Emcke – Gegen den Hass

Armin Nassehi – Die letzte Stunde der Wahrheit

Wirtschaft & Struktur

Mariana Mazzucato – Das Kapital des Staates

Wolfgang Streeck – Gekaufte Zeit

Thomas Piketty – Kapital und Ideologie

Joseph Stiglitz – Der Preis der Ungleichheit

Bildung & Wissenschaft

Ernst Pöppel – Grenzen des Denkens

Julian Nida-Rümelin – Philosophie einer humanen Bildung

Helga Nowotny – Die Erfindung der Zukunft

EU & Europa

Ulrike Guérot – Warum Europa eine Republik werden muss

Timothy Garton Ash – Redefreiheit

Luuk van Middelaar – Der Passage nach Europa

Jacques Delors – Reden & Notizen aus der Gründungszeit der EU

Hinweise zu Projekt Aurora & Kontakt / Unterstützung

Dieses Buch ist nicht das Ende eines Gedankens – es ist ein Anfang.

Ein Impuls, der weiterwirken soll. Nicht durch Schlagzeilen, sondern durch Struktur.

Aus dem Geist dieser Arbeit heraus entsteht Projekt Aurora –

eine Initiative, die sich der stillen, aber tragenden Frage widmet:

Wie lässt sich Ordnung denken, gestalten und bewahren –

in einer Welt, die immer schneller ihre Mitte verliert?

Aurora ist kein Verlag. Keine Bewegung. Kein fertiges Modell.

Sondern ein wachsender Resonanzraum für Menschen,

die nicht nur verstehen, sondern auch tragen wollen.

Wir veröffentlichen regelmäßig Artikel, Analysen und strukturierte Beiträge

zu Themen wie:

– Menschenrechte und politische Ordnung

– Strukturwandel in Gesellschaft, Diskurs und Wirtschaft

– Europas Rolle in einer fragmentierten Welt

– und der Frage: Was trägt, wenn Systeme wanken?

Wenn Sie unsere Arbeit unterstützen möchten – ideell, inhaltlich oder finanziell –

finden Sie aktuelle Informationen, Kontaktmöglichkeiten und Texte auf:

www.project-aurora.eu

Oder schreiben Sie uns direkt:

mail@project-aurora.eu

Jede Resonanz, jeder Gedanke, jede still geteilte Wahrheit

ist Teil dieser neuen Ordnung, die wir nicht besitzen –

sondern behutsam pflegen.

Danke für Ihre Aufmerksamkeit.